Manitoba
Winnipegsee
nach
e
Fort Smith
Athabascasee
NATIONALPARK
nach EUROPA
Saskatchewan
Great Plains
(Große Prärien)
KANADA
Saskatoon
nach FLORIDA
Saskatchewan
Missouri
ROCKY MOUNTAINS
(FELSENGEBIRGE)
Edmonton
VEREINIGTE STAATEN
VON AMERIKA
Alberta
Yellowstone River
Calgary
Jasper
NATIONALPARK
Banff
NATIONALPARK
Montana
ROCKY MOUNTAINS
(FELSENGEBIRGE)
Fraser River
NATIONALPARK
Denver
Vancouver
Columbia
Washington
Utah
Seattle
Salt Lake City
(Salzseestadt)
Vancouver-
nsel
Kaskaden-
Kette
Columbia-
Plateau
Colorado
Großer
Salzsee
Snake River
(Schlangen-Fluß)
Oregon
Großes Becken
Nevada
Colorado-
Plateau
NATIONALPARK
Grand Canyon
Küsten-Kette
Sierra Nevada
Kalifornien
N
San Francisco
Los Angeles

Fährtensuche im
Tessloff

Indianerland

Von Heinz Sielmann

Unter Mitarbeit von Inge Dreecken
und Walter Schneider

ISBN 3 7886 0652 5

Inhalt:

Meinem lieben Papa,
für schöne Stunden.
Inge

Dieser schöne Schlangenhalsvogel lebt im Everglades-Nationalpark – an der Spitze der Halbinsel Florida, dem südlichsten Osten der USA. Die Everglades (was so viel wie „immerfließende Graswasser“ heißt) sind eine subtropische Sumpfwildnis. *Swamp,* sagt der Amerikaner. Hier gibt es noch Tiere, die sonst selten geworden sind oder in anderen Gegenden der Vereinigten Staaten von Amerika überhaupt nicht mehr vorkommen: Krokodile, Seekühe, Rosalöffler, Waldstörche, Weißkopfseeadler oder Rotreiher zum Beispiel.

Die Schlangenhalsvögel sind Ruderfüßer, ähnlich unseren Kormoranen: gewandte Taucher, Flieger und Segler. Sie nisten in Kolonien auf Bäumen, stets in der Nähe von Gewässern. Außer dem amerikanischen Schlangenhalsvogel, hier Anhinga genannt, gibt es eine Art, die in Afrika, Indien, Neuguinea, Australien und Neuseeland lebt.

Vorwort

Wie wohl alle Jungen habe auch ich als Kind davon geträumt, einmal den Norden Amerikas zu erleben: die Vereinigten Staaten, Kanada, Alaska. Das Land der Indianer und Eskimo.

Und das Glück war mit mir! Ich konnte mir als Tierfilmer manchen Jugendwunsch erfüllen – auch diesen. Was ich hier in einem Buch erzähle, das ich für junge Menschen geschrieben habe, ist ein kleiner Ausschnitt aus meiner zweijährigen Expedition ins Tierreich Nordamerikas – von der Atlantikküste bis hinüber zu den Ufern des Stillen Ozeans, vom Großen Sklavensee im Norden bis ins südliche Florida. Es sind Bilder aus einer großartigen Landschaft, Momentaufnahmen von packenden, oft auch aufregenden Tierbegegnungen.

Welch ein Land der Gegensätze und Schönheiten ist das! Die Rocky Mountains mit ihren von Gletschern übergossenen höchsten Gipfeln. Schroffe Gebirgszüge, brodelnde Vulkane, steil aufgetürmte Felslandschaften. Die endlose Weite der nordamerikanischen Getreidefelder und Prärien. Die Einsamkeit der grünen Wälder. Sümpfe, Seen, Mangrovendschungel. Das Gewirr der unzähligen Fjordeinschnitte, die steilen Canyons und flachen Flußauen. Und in der Ferne hinterm Horizont spürst du das Hitzeflirren der großen Wüsten.

Freilich: die Indianer ziehen nicht mehr auf den Kriegspfad. Sie gehen bürgerlichen Berufen nach. Oder sind in ihre Reservate zurückgedrängt. Die meisten Trappersiedlungen sind verschwunden, ihre Blockhütten verfallen – oder zu modernen, wenn auch weit abgelegenen Städten mit Komforthäusern, Air condition, Telefon, Fernseher geworden. Erdölbohrtürme ragen in den Himmel. Getreidesilos. Wolkenkratzer. Wo früher Millionen von Indianerbüffeln durch die Prärie stampften, rattern heute Sattelschlepperzüge und Autokolonnen über die endlosen Betonbänder der Highways.

Auch davon will ich erzählen: von der Naturzerstörung. Von den Tiertragödien der Bisons und der Biber zum Beispiel. Aber auch von den Anstrengungen, große Nationalparke zu schaffen und damit wenigstens die letzten Rückzugsgebiete der bedrohten Tier- und Pflanzenarten zu sichern.

Ich habe das unermeßliche Land mit Flugzeug und Auto, mit Motorboot und Kanu, zu Fuß und mit dem Maultier durchquert – stets mit zentnerschwerem Expeditionsgepäck. Ich habe immer wieder freundliche, hilfsbereite Menschen getroffen, denen ich viel zu verdanken habe. Ohne sie und meine Freunde, die mit mir zusammengearbeitet haben, wäre ich nicht halb so weit gekommen.

In diesem Buch werden viele schöne Erinnerungen, zu denen auch manche schweren, entbehrungsreichen Tage gehören, wieder wach. Ich lade meine jungen Leser ein, sie mit mir noch einmal zu erleben.

Heinz Sielmann

Das Blockhaus in den Rocky Mountains

Der Himmel strahlte frühlingsblau. Schönwetterwolken schwebten wie riesige Wattebäusche über den hohen Gipfeln. Unsere Cessna mit Charly Fix am Steuerknüppel tanzte sanft im Aufwind. „Gute Thermik", sagen die Piloten, wenn sich über den von der Sonne aufgeheizten Berghängen die Bussarde und Adler, die Krähen und Dohlen ohne Schwingenschlag emportragen lassen.

Zum erstenmal erlebten ich und mein Mitarbeiter Georg Theilacker die Rocky Mountains, das große amerikanische Felsengebirge, aus der Luft.

Beim Abschied in Edmonton hatte Al Oehmig zu mir gesagt: „Wird dich begeistern, old boy. Die Rockies: Das ist fünfzigmal die Alpen, so groß und weit und phantastisch."

Jetzt lagen sie unter uns: tief eingeschnittene Canyons mit wild gezackten Felswänden, eisgepanzerte Gipfel, dunkle Wälder, blaue Bergseen, zerrissene Steinlandschaften, die im Licht der Maisonne bunte Farben hatten. Ein unvorstellbar großer Gebirgszug von Nordwesten nach Südosten, von Alaska bis Neu Mexiko. 4300 Kilometer lang. Nach Westen hin der unendliche Pazifik, drüben im Osten hinter der steilabfallenden Felsbarriere die *Great Plains,* das alte Indianerland der großen Ebenen und Prärien. Was für eine grandiose Natur! Da wirst du ehrfürchtig vor Staunen und ganz klein vor Bewunderung.

Unser Ziel waren die beiden zusammenhängenden Naturschutzgebiete von Jasper und Banff in den kanadischen Rockies, jedes so groß wie bei uns eine ganze Provinz.

Charly ließ das Flugzeug in einen Canyon einschweben. Wir folgten dem Lauf eines Flusses, der sein Bett über Jahrzehntausende in die Felsmassen eingeschnitten hatte. Die Wände fielen in vielen Terrassen und Vorsprüngen steil ab, von Wind und Wetter zerfressen. Rechts und links Höhlen, Risse, Spalten. Aus den Felsklüften wucherten braungrüne Moose und Flechten, bunte Bergblumen, verkrüppelte Nadelbäume.

Die Maschine begann zu sinken. Charly warf einen Blick über die linke Tragfläche. Die Sonne stand schräg hinter uns. Der Schatten des Flugzeugs huschte die Felswand entlang. Die Flügelspitze wippte. Charly betätigte das Seitenruder. Die Cessna zog gehorsam nach rechts.

„Einen Motorschaden könnten wir jetzt nicht brauchen", sagte Charly.

Als er Gas gab, schwoll das gleichmäßige Surren zu einem lauten Gedröhn an, dessen Echo von den Felswänden zurückgeworfen wurde. Drehzahlmesser und Geschwindigkeitsmesser schlugen aus. Der Canyon bog nach Nordwesten ab, wurde etwas breiter. Charly drosselte die Geschwindigkeit. Wir sanken tiefer. Ich hatte ein Knacken und Rauschen in den Ohren.

Aber ich empfand keinen Augenblick Angst, so schön war das alles. Tief unter uns das schmale Flußband, in dem blaue und grüne Lichtreflexe schimmerten. Auf einer etwas breiteren Uferstelle, beim Zulauf eines Nebenflüßchens, stand ein Zelt. Durchs Fernglas entdeckte ich einen einsamen Angler neben einem blauroten Schlauchboot.

Die Schlucht öffnete sich. Ein Nebenfluß zweigte ab. Charly zog die Cessna hoch. Wir stiegen rasch in den Himmel hinauf. Weit voraus erhob sich ein Schneegipfel. Wir flogen über das wuchtig zerklüftete Felsmassiv hinweg und glitten dann langsam tiefer. Ich machte einige Aufnahmen. Gletscher blinkten. Da und dort ein smaragdgrüner See. Über eine Terrassenschlucht sprang ein schäumender Wasserfall. Ich sah auf einer Bergkuppe ein paar Bergschafe weiden und dann über schwindelerregend steile Hänge flüchten. Über den Talböden dehnten sich dunkelgrüne Wälder.

Dann rollten wir auf der kleinen Piste des Nationalparks aus. Auf dem Parkplatz standen schon jetzt viele Autos. Zum Sommer hin wird es hier nur so wimmeln von Besuchern. Man hat geteerte Fahrstraßen, viele Wanderwege und Reitpfade angelegt. Es gibt Hotels der Luxusklasse und bescheidene Rasthäuser, viele Campingplätze, Zeltdörfer und Berghütten für die Rucksacktouristen und Bergsteiger.

Braunbären und Schwarzbären ziehen durch die Bergwälder. Manchmal kommen die Bären zu den Campingplätzen, um die Müllkübel nach Verdaubarem durchzuwühlen. Elche, Wapiti und Bergschafe durchmessen ihre Reviere. An den Seen und Bächen bauen die Biber ihre Burgen. Falken und Adler kreisen. Luchse und Füchse, Wölfe und Vielfraße gehören zur Tierwelt.

Winterstimmung im Grand Canyon Nationalpark, südwestliche USA. Als ich zum erstenmal hierher kam, hat mich der Anblick dieser in ein buntes Lichterspiel getauchten Felsformationen, Schluchten, steinernen Dome, Tempel und Türme überwältigt. Ich wüßte keinen anderen Platz der Welt, der das staunende Menschenauge auf den ersten Blick so in seinen Bann zieht. Der aufregende Wechsel von Licht und Schatten ist unvergleichlich schön. Kein Foto kann das so darstellen, wie es jeder persönlich empfindet.

Heiße Sommer wechseln hier mit kalten Wintern. Wind und Wetter, Sonne und Regen, Hitze und Kälte, Tag und Nacht haben diese bizarre Landschaft geformt. Ponderosafichten, Gelbkiefern, Wacholder, Rot- und Douglastannen wachsen oberhalb der dürren Zonen in riesigen Bergwäldern.

In den Parks darf nicht geschossen werden, selbstverständlich! Die Tiere wissen das. Sie wissen auch, daß die meisten Touristen sich kaum von den Straßen und Rastplätzen entfernen. Sie machen sich nicht viel aus den Zweibeinern und den abgasstinkenden rollenden Blechkisten. Wer sie so erleben will, wie sie wirklich sind, muß sie suchen gehen. Nicht ohne Erlaubnis, versteht sich!

Wir sprachen mit den Leuten der Parkverwaltung. Auch mit den Wardens, das sind die Wächter und Wildhüter, die für Ordnung sorgen. Die Tiere sorgen selbst für Ordnung in

Der Besucher eines Nationalparks ist selbstverständlich an Regeln gebunden. Die Amerikaner bringen lieber Hinweistafeln an, als daß sie Verbote aussprechen. Hier die Warnung GEFÄHRLICH. Das bedeutet: Zurückbleiben, nicht weitergehen. Besondere Vorsicht! Das kann ein gefährlicher Abhang sein, ein Ufer mit Krokodilen oder vielleicht eine Wegstrecke, auf der mit freilaufenden Bären zu rechnen ist.

Ein vernünftiger Mensch beachtet solche Warnungen. Freilebende Tiere werden dem Menschen gewöhnlich nichts tun, sondern sich zurückziehen. Aber auch im Nationalpark könnte es schon mal zu einer unliebsamen Begegnung kommen. Wer auf den Wegen und Beobachtungsplätzen bleibt, hat nichts zu befürchten.

ihren Revieren, solange der Mensch sie nicht stört. Wo Hinweisschilder und Verbotstafeln nicht wirken, müssen die Wardens eingreifen und erklären, daß die Tiere ihren Freiraum brauchen, sonst gibt's bald keine mehr. Besucher müssen auf den Wegen und Beobachtungsplätzen bleiben und Lärm vermeiden. So schauen und genießen sie auch am besten die stille Schönheit der Natur.

Der Chef des Nationalparks, selbst Biologe, hatte ein offenes Ohr für meine Wünsche. „Well, Mr. Sielmann", sagte er. „Ich hätte da eine abgelegene Blockhütte, nicht sehr weit von unserer schönsten Biberkolonie. Da kommt sonst kaum jemand hin. Die könnte ich Ihnen vermieten. Aber sie ist nur auf schmalen und steilen Maultierpfaden zu erreichen."

„Gerade recht so", antwortete ich. „Bliebe nur die Frage, wo wir Maultiere herkriegen."

Auch das ließ sich regeln. Wir übernachteten in einem Rasthaus. Am anderen Morgen verluden wir das Gepäck auf einige Tragtiere. Wir ritten mit dem Warden, der uns zur Hütte führen sollte, voran. Hinter uns setzten sich die „Eselpferde" – Vater ein Eselhengst, Mutter eine Pferdestute – mürrisch in Bewegung. Sie keilten ein bißchen, „maulten" und bissen um sich. Dann marschierten sie trittsicher, mit hängenden Köpfen und gespitzten Ohren, ihren Weg bergauf.

Die Hütte lag auf knapp siebentausend Fuß Höhe, um zweitausend Meter. Am Nachmittag waren wir allein. Georg und ich hatten das Gepäck verstaut, die Geräte ausgepackt, die Hütte wohnlich eingerichtet. Die Marschausrüstung für den nächsten Tag lag bereit: Kamera, Tonbandgerät und Zubehör kontrolliert und einsatzbereit; die Rucksäcke mit Verpflegung, Ersatzwäsche, Regenzeug, Verbandskasten. Dazu Ferngläser, Kompaß, Karten, Feldflaschen, Buschmesser, Beile. Jeder von uns hatte etwa dreißig Kilo zu tragen.

Wir hatten vereinbart, daß wir Maultiere anfordern konnten, falls die Entfernungen zu groß würden, um die Ausrüstung selbst zu schleppen. Das ließ sich machen. Gelegentlich würde ein Wildhüter vorbeikommen und nach uns schauen. Vielleicht in zwei, drei Wochen zum erstenmal. Sonst mußte einer von uns zur Parkverwaltung runter, etliche Stunden Fußmarsch.

Wir kochten eine kräftige „Trappermahlzeit" und saßen dann draußen neben der Tür der Blockhütte. Die Dämmerung fiel herab. Am nachtblauen Himmel funkelten die Sterne wie Glitzerglas. Ein sanfter Wind strich durchs Geäst der Zitterpappeln, Lärchen und Balsamtannen. Der Mond stieg gelb wie Eidotter herauf. Aus dem Kamin kräuselten dünne Rauchschwaden. Durch die offene Tür zuckte der Widerschein des Herdfeuers.

Wir lauschten in die Bergwaldstille hinein. Von irgendwo her war ein anschwellender, hoher Heulton zu hören. Ein Kojote! Zwei, drei andere fielen mit schrillem Gelächter ein, und dann sang die ganze Meute ihr wildes, schauerliches Jagdlied in die Nacht hinaus: „Japp-japp-japp", und immer wieder das hündische Gebell und Gejaule wie „Wauuuuwauuu". Weiter abseits fiel eine andere Meute ein. Das Echo hallte von den Bergen wider und war meilenweit zu hören.

So muß es gewesen sein, ehe die ersten weißen Männer in dieses Land eindrangen. Als Indianer auf ihren Kriegs- und Jagdzügen hier vorüberkamen: Algonkin, Chippewa, Cree, Naskopi, Sarsi, Shilcotin, Shuswap und wie die Stämme alle hießen.

„Ich hau mich aufs Ohr", sagte Georg. „Die Nacht ist kurz."

Von Menschen, denen ich begegnete

Er hatte recht. Uns standen entbehrungsreiche Wochen bevor. Trotzdem lag ich noch lange wach. Ich überlegte noch einmal, wie wir vorgehen wollten. Und ich dachte daran zurück, wie es zu dieser Amerika-Expedition, die insgesamt zwei Jahre dauern sollte, überhaupt gekommen war ...

Eigentlich hatte es mit Al Oehmig angefangen, der eine halbe Fahrstunde von Edmonton, der Hauptstadt der kanadischen Prärie-Provinz Alberta, eine Wildfarm betrieb. Die *Alberta Game Farm* war ein weitverzweigter Wildpark mit Prärielandschaften, Wiesen und Wäldern, gesprenkelt mit unzähligen großen und kleinen Seen.

Es war *sein* Werk! Oehmig stammte aus Deutschland. Nach dem Zweiten Weltkrieg war er nach Kanada ausgewandert und hatte sich hier mit der Zähigkeit des geborenen Pioniers eine Existenz aufgebaut.

In seinem Wildpark gibt's wie in jedem Zoologischen Garten Elefanten, Löwen, Nashörner, Giraffen und andere exotische Tiere. Sein ganzer Stolz aber sind die Wildtiere seiner neuen Heimat, die in großräumigen Freigehegen unter fast natürlichen Bedingungen leben. Auf seinen vielen Expeditionen durch die endlosen Weiten Kanadas hat er auch seltene Tierarten eingefangen und hier angesiedelt. Das bietet der Wissenschaft günstige Beobachtungs- und Forschungsmöglichkeiten. Und, was beinahe noch wichtiger ist: Al Oehmig gelang es, im Laufe der Jahre so manche Nachzucht zustande zu bringen. Vielleicht

Die Sonnenuntergänge im Westen sind manchmal aufregend schön. Sie dauern nur wenige Minuten. Dann fällt die Dunkelheit herab. Der Gesang der Vögel verstummt. Jetzt erheben sich die Stimmen der Nacht. Wie oft bin ich draußen gewesen, um die kurze Spanne der Dämmerung zu erleben. Schon weht Nachtkühle herbei – Zeit, sich schlafen zu legen. Morgen früh, mit Sonnenaufgang, beginnt ein neuer Arbeitstag.

Eine artenreiche Familie der Nagetiere bilden die Erdhörnchen. Auch in Amerika gibt es etliche davon: so die in riesigen unterirdischen Städten lebenden Präriehunde, das Waldmurmeltier, das Ziesel und das zieselähnliche Antilopen-Erdhörnchen, auch das als Chipmunk oder Hackee bekannte Backenhörnchen, das bei uns als Heimtier viele Freunde gewonnen hat. Im Bild ein Erdhörnchen aus den Rocky Mountains.

wird der Tiernachwuchs, den er aufzieht, einmal sehr bedeutsam – wenn nämlich gefährdete kanadische Tierarten in freier Wildbahn auszusterben drohen. Dann könnte er sie retten helfen.

Für mich war Al in doppelter Hinsicht wertvoll: als ausgezeichneter Tierkenner und als hilfsbereiter Freund. Denn er war es, der mir damals, als er mich in meinem Münchner Haus besuchte, den entscheidenden Vorschlag für meine Expedition nach Kanada und Alaska machte:

„Nehmen Sie doch meinen Wildpark bei Edmonton zum Ausgangspunkt! Seien Sie mein Gast, Heinz, solange Sie wollen. In meiner *Game Farm* können Sie sich erst mal einarbeiten und die Verhaltensweisen der Tiere beobachten, die Sie später in Freiheit filmen wollen. Einigen der besonders scheuen Arten werden Sie draußen in der Wildnis vielleicht überhaupt nicht nah genug kommen. Bei mir im Park können Sie's schaffen. Und außerdem ..." – er breitete die Karte von Kanada aus – „... ist's für unsere riesigen Entfernungen beinahe nur ein Katzensprung von Edmonton in die großen Wildreservate der Rocky Mountains, rüber nach Jasper zum Beispiel, und nach Banff. Selbst in das riesige Waldbison-Schutzgebiet hoch im Norden."

Tatsächlich wurde Oehmigs Wildpark zum Hauptquartier für meine zweijährige Nordamerika-Expedition. Schon damals hatte Al für diese Idee Feuer gefangen in seiner ebenso klardenkenden wie begeisterungsfähigen Art. Er hob den Zeigefinger: „Und Charly nicht zu vergessen!"

„Charly? Wer um alles in der Welt ist Charly?"

Al kicherte fröhlich: „Der beste Buschpilot, mein Lieber, soweit die Wölfe heulen. Er kennt die einsamsten Indianerplätze und die entlegensten Eskimosiedlungen. Wo immer sich irgendein schrulliger Buschläufer rumtreibt, hat Charly schon mal mit ihm am Lagerfeuer gesessen. Er kennt die Schleichpfade und Wildwechsel, die Brunftplätze und Wasserstellen. Kurzum ..."

Al's Begeisterung steckte mich an. „Und fliegen kann er auch?" lachte ich.

Aber er hatte mich längst überzeugt. Al Oehmig war kein Aufschneider und Windbeutel, sondern ein gestandener Mann. Jedes seiner Worte hatte Gewicht. Und wenn er einen Menschen so warmherzig empfahl, mußte das ein ganzer Kerl sein. Charly Fix war, wie sich später herausstellte, ein ganzer Kerl – einer von jener Sorte, wie man sie vor allem dort häufig trifft, wo die Macht der Natur uns noch das Gesetz des Handelns aufzwingt.

„Okay, Al", sagte ich. „Die Sache schmeckt mir. Kommen wir also zum Geschäft!"

Und wir wurden handelseinig. Er stellte mir seinen Wildpark zur Verfügung. Ich versprach ihm dafür eine Kopie meines Expeditionsfilms für seine Vortragsreisen, die er durch Kanada machte, um die Menschen für ihre großartige Landschaft und damit zugleich für den Natur- und Wildtierschutz zu begeistern – und um für diesen Zweck selbstverständlich Geld locker zu machen! Ohne Geld geht nun mal vieles nicht im Leben. Da wäre oft die edelste Absicht zum Scheitern verurteilt.

Denn selbst bis hierher, an eines der äußersten Enden unserer Erde, wo sich Fuchs und Hase Gutenacht sagen, ist die Zivilisation inzwischen mit Ungestüm vorgedrungen: mit Baggern und Baumaschinen, mit Fabriken und Fernstraßen, mit Landschaftszerstörung, Wasser- und Luftverschmutzung.

„Der Mensch", sagte Al Oehmig, „muß endlich begreifen lernen, daß er nicht beliebig die Natur auf den Kopf stellen kann!"

Oehmig war einer von denen, die sich darum Sorge machten. Die nicht die Hände in den

Schoß legten und sagten: „Da kann man halt nichts machen“, sondern die sich redlich mühten, andere aufzuklären und Bundesgenossen zu gewinnen, um Schlimmeres zu verhüten.

Auch Charly Fix war ein Mann ganz nach meinem Geschmack: wortkarg, zäh und ausdauernd. Einer jener Buschpiloten, die notfalls ihre Maschine, wenn sie irgendwo in fernster Wildnis notlanden müssen, auseinandernehmen und wieder zusammensetzen. Die genug Mut haben und dennoch kein Risiko eingehen, wenn es nicht unbedingt nötig ist.

Denn hier draußen gibt's keinen Flugplan und keinen Blindflug nach Instrumenten. Geflogen wird, wie das Wetter es will. Der Pilot sucht sich seinen Weg nach der Karte und markanten Punkten im Gelände. Er fliegt auf Sicht – vielleicht nach dem Verlauf der Küste,

Indianer in Nordamerika

Ehe die Weißen Nord- und Südamerika eroberten, war der Kontinent von indianischen Völkern besiedelt. Man kennt etwa 600 verschiedene indianische Sprachen. Allein in Nordamerika gab es an die 400 große Stämme, von denen viele inzwischen ausgestorben sind. In den Vereinigten Staaten und Kanada lebt heute noch etwa eine Million Indianer. Die meisten wohnen in Reservationen, die ihnen nach dem Sieg der Weißen von der Regierung zugewiesen wurden.

In den Vereinigten Staaten von Amerika gibt es etwa 250 Reservationen, in Kanada knapp 2300, von denen aber die meisten nur aus kleineren Ansiedlungen bestehen. In der Regel haben die Bewohner in ihren Siedlungen eine beschränkte Selbstverwaltung mit einem Stammesältesten (dem Häuptling), einem Stammesrat, Gericht und Polizei. Die meisten leben von Jagd, Fischfang, Viehzucht und Ackerbau. Viele arbeiten aber zumindest zeitweise auch außerhalb der Reservationen als Bauarbeiter sowie in der Land- und Forstwirtschaft.

Die Bilder zeigen Navajo-Indianer im Monument Valley, das zu ihrem Stammesreservat gehört. Diese trocken-heiße Halbwüste in Arizona/Utah ist wenig fruchtbar. Dürres Gesträuch und phantastisch geformte Sandsteinfelsen bilden eine karge und zugleich großartige Landschaft. Hier wurden viele Indianer-und Westernfilme gedreht.

nach einem Fluß, einem See, einem Berggipfel. Für manche abgelegenen Gegenden der Erde, wie ich das auch im Inneren Australiens erlebt habe, gibt's nicht mal ausreichende Luftkarten. Dann zeichnet sich der Pilot selbst seine Streckenverläufe und berichtigt sie jedesmal, wenn er wieder in jene Gegend kommt.

Das kleine Flugzeug des Buschpiloten ist mit besonders starken, jedoch niemals prall aufgepumpten Ballonreifen ausgerüstet. Denn es muß oft auf sehr kurzer, unebener oder steiniger Landebahn zum Stehen kommen und von dort aus wieder starten können. Wenn ich in einem Sumpfgebiet filmen will, muß der Flieger Schwimmer haben. Das ist oft auch im Hochgebirge von Vorteil; denn fast immer ist dort ein See zu finden, selten aber eine ausreichend lange und ebene „bruchsichere" Landebahn.

In der Arktis aber trägt das Flugzeug Kufen. Es fährt Schi. Damit kann es praktisch auf jeder Eisfläche landen. Immer aber kommt es auf den Piloten an: sein Geschick, seine Nerven, seine Erfahrung. Erst nach langer Lehrzeit ist er, bei ausreichender Begabung, vielleicht ähnlich perfekt wie Charly Fix, der seine Cessna so spielend beherrscht, als ob sie ein Teil von ihm wäre. Es war für mich immer eine Lust, mit ihm zu fliegen – freilich oft auch ein nervenaufreibendes Abenteuer und nicht ganz ungefährlich.

Auf Fährtensuche im Indianerland

Das Wetter war gut, als Georg Theilacker und ich in aller Morgenfrühe zum erstenmal von unserer Blockhütte aufbrachen. Anfangs erkundeten wir das Gelände. Allmählich dehnten wir die Entfernungen aus.

Die Familie der Hirsche ist mit etwa 40 Arten weltweit verbreitet. Auch der europäische Rothirsch hat in Asien und Amerika etliche Verwandte. Wapiti ist der alte indianische Name für diesen „Kanadahirsch".

Manchmal konnten wir uns nur mit Karte und Kompaß zurechtfinden. Es kam vor, daß wir uns verirrten und den Rückweg unter schwierigen Umständen auskundschaften mußten. Aber jeden Tag lernten wir hinzu. Es gab markante Bäume und Lichtungen, Bachläufe, Äsungsplätze und Wildwechsel, die wir uns merkten. Wir begannen zu „Buschläufern" zu werden.

Eines Nachmittags wurden wir von heftigen Regengüssen überrascht. Wir spannten die Plane aus und kauerten uns nahe einem kleinen Waldsee unter einer breitästigen Fichte nieder. Vor allem durften die Geräte nicht naß werden. Alles andere ließ sich ertragen, obwohl bald aus den Stiefeln das Wasser quoll.

Das Gezwitscher der Singvögel verstummte. Nur ein Kappenkleiber keckerte sein jammerndes „Kwänk-kwänk-kwänk". Der schwarze Himmel hing tief. Dann schauerte ein dumpf klagendes „Ku-huuu, ku-huuuu" durch den Wald. Bald darauf taumelte ein großer Uhu herbei. Er ließ sich auf einem Baumstumpf am gegenüberliegenden Seeufer nieder und lauerte auf Fische. Aber er schnappte keinen.

Am nächsten Tag kreuzten wir eine Elchfährte. Im weichen Erdboden waren die Schalen und Afterklauen an manchen Stellen tief und gut sichtbar eingedrückt. Die Amerikaner nennen ihre Elche *moose*. Der Name kommt aus der Sprache der Algonkin-Indianer und bedeutet Zweigfresser. Wir folgten der Fährte und verloren sie wieder.

Es war Ende Mai geworden. Eines Morgens stießen wir auf ein Wapitirudel. Das ist der Rothirsch Nordamerikas, größer und stärker als unser Hirsch. In den zwanziger Jahren hatten die Parkverwaltungen von Banff und Jasper einige hundert Wapitihirsche hier wieder angesiedelt. Wapitis waren ursprünglich in fast ganz Nordamerika verbreitet, doch die vorrückenden Siedler jagten sie wegen ihres Fells und Fleisches und rotteten sie nahezu aus. Niemand weiß genau, wie viele es heute hier wieder gibt, aber gewiß viele Tausende. Wir kamen nicht zum Filmen. Der Wind stand ungünstig. Das Rudel nahm unsere Witterung und verzog sich mit weiten Fluchtsprüngen.

Wir trieben eine Elchkuh mit ihrem Kalb auf, die auf einer Waldlichtung ästen. Es gelang uns, ein paar kurze Filmszenen einzufangen. Das Hirschkind – Elche gehören zur Familie der Hirsche – war erst ein paar Tage alt, aber schon trabte es sehr munter mit, und wenn es zurückblieb, knörte die Mutter ängstlich verärgert und lockte es wieder herbei.

Vielleicht hatte sie uns beobachtet. Außerdem gab es hier in der Gegend nicht nur Wölfe, sondern auch Pumas und Bären, die sich ganz gern mal einen Elchbraten holen. Wir fanden auch ein paar frische Bärenspuren. An einer Stelle waren sie sehr deutlich: drei, vier große Trittsiegel, jeder Abdruck mit fünf langen Krallen, kurz und breit die Vorderfüße und sehr lang, fast wie von einem unförmigen Riesenmenschen, die Hinterfüße, die sich über die ganze Sohle im feuchten Erdreich abgedrückt hatten. Sie standen schräg zueinander. Etwas weiter, als wir die Spur noch einmal aufnehmen konnten, standen die Abdrücke fast längs zur Laufrichtung. Die Schrittlänge maß gut eineinhalb Meter. Hier hatte sich Meister Petz wohl in Trab gesetzt – vielleicht um zu flüchten oder dem Elchrudel zu folgen.

Als wir an einem Nachmittag auf dem Rückweg zu unserer Blockhütte waren, glitt voraus ein Schatten zwischen den Bäumen entlang. Ein Kojote!

Ich nahm das Fernglas. Der Kojote trabte eine Weile dahin. Manchmal hielt er an, um zu äugen. Dann fand er einen Platz, an dem er wiederholt die Schnauze in die Erde stieß. Vielleicht hatte er ein Mauseloch entdeckt.

Wir versuchten, näher an ihn heranzukommen. Als ich ihn erneut durchs Fernglas beobachtete, schlug er gerade das Gebiß nach unten. Ich sah, daß er eine Maus gepackt hatte. Er schüttelte den Kopf. Dann kaute und schluckte er, sah sich mißtrauisch um und trabte weiter, zu uns herüber.

Der Elch heißt nur in England *elk*, in Amerika aber *moose*. Es ist der schwerste und eindrucksvollste aller Hirsche. Dieses mächtige pferdegroße Wild mit dem wuchtigen Schaufelgeweih hatte ich schon als Junge bei meinen Streifzügen durch Ostpreußen bewundert. Der Lebensraum des Elchs ist Wald mit Wasser. Er liebt es, Weich- und Laubhölzer zu knabbern, auch Wasserpflanzen. Sein Geweih und die wehrhaften Hufe schützen ihn vor Feinden. Junge oder kranke Tiere können von Bären und Vielfraßen erlegt werden. Bei hohem Schnee vermag auch ein Wolfsrudel der Elchherde Verluste beizubringen.

Wir verharrten still. Der Kojote mochte noch hundert Meter entfernt sein, als er wieder anhielt. Ich sah seine gelben Augen glühen. Er hatte uns entdeckt. Er schnupperte, musterte uns scharf und schlug dann, indem er sich seitwärts wandte, einen Sprunggalopp an, in die Büsche hinein.

Auf unseren Wanderungen hatten wir mehrere Seen erkundet, bei denen Biber wohnten. Zwei behagten uns wenig. Dann kamen wir zu einem breiteren Tal, in dem drei Seen hintereinander aufgestaut waren.

In der Nähe entdeckten wir in leicht sumpfigem Boden ein paar Pfotenabdrücke. Da war ein Vielfraß umhergeschlichen: fünf Krallen, tief eingedrückt die im Umriß etwas verschwommenen Hauptballen und nach den Hinterfußabdrücken die Markierung des Schwanzes. Die Amerikaner und Kanadier nennen den Vielfraß Wolverine, auch *Skunk-*

bear: Stinkbär. Vielfraße gehören zur Marderfamilie. Sein deutscher Name hat nichts mit „Fressen" zu tun. Es ist die Eindeutschung des skandinavischen Wortes *fjellfräss:* Felskatze. Ein Jerf, wie er in Skandinavien auch heißt, ist immer dort zu finden, wo es Elche und andere Säugetiere, auch Nager wie den Biber, gibt. Da erhofft er sich Beute.

In der Nähe des mittleren Sees fanden wir zahlreiche Baumstümpfe, die kegelförmig zugespitzt waren. Man konnte ganz deutlich an Pappeln und anderen Weichhölzern, vor allem auch an Weiden, die Biß- und Nagespuren breiter Zähne erkennen. Der Wasserstand des Bibersees war exakt reguliert, so wie es diese Nager immer machen. Am Osthang, gut einzusehen, war der Arbeitsplatz der Biber. Dort lag eine große Anzahl gefällter Bäume nebeneinander und übereinander, manche bis mannsstark. An den noch stehenden Bäumen waren frische Nagestellen zu erkennen. Also herrschte hier noch voller Betrieb.

Das Bibertal sagte uns zu. Es erfüllte alle Bedingungen, die eine möglichst gute Filmarbeit erfordert. Wir beschlossen, hier ans Werk zu gehen.

Erlebnisse am Bibersee

Für den Kanadier ist der Biber so etwas wie ein nationales Wahrzeichen: *Canada's own,* wie sie sagen – so wie das Ahornblatt ihr Nationalwappen ist.

Biber gehören zu den erstaunlichsten Tieren der Erde. Sie fällen Baumstämme, legen für ihren Transport Flößkanäle an und errichten Staudämme. Das alles machen sie nur, um sich und ihre Familie vor Feinden zu schützen. Denn in Ufernähe lauern Fuchs und Wolf, Kojote, Luchs und Vielfraß. Auch Adler kreisen überm Bibersee, um nach Beute Ausschau zu halten. Wenn ein Biber an Land flüchtet, mehr watschelnd als laufend, kann ihn selbst ein Mensch leicht einholen. Ein Raubtier hat damit gar keine Mühe.

Aber der Biber ist ein großartiger Schwimmer und Taucher. Darum baut er seine Wohnburg gewöhnlich mitten im Wasser: aus Ästen, Zweigen, Schilf und Schlamm, bis vier Meter hoch und breit. Der Eingang liegt unter Wasser. Von der unteren Etage führt eine Röhre hinauf in die oberen, trockenen Wohnräume, die überm Wasserspiegel liegen. Da läßt es sich für die Biber sicher und gemütlich leben.

Aber es hat dennoch seine Gefahren! Wenn nämlich Hochwasser kommt, könnte die Wohnburg überschwemmt werden. Und bei Niedrigwasser könnte ein Raubtier durch den Eingang schlüpfen. Da hätten die Biber keine Fluchtmöglichkeit.

Gleichbleibender Wasserstand ist also für das Überleben der Biberfamilie wichtig! Um das zu erreichen, hat sich das Nagetier zum Wasserbaumeister entwickelt. Sein Können vererbt sich von Generation zu Generation. Bei den Eltern gehen die Jungbiber in die Lehre.

Unterhalb des Sees, wo das Wasser abfließt, errichten sie einen Staudamm. Oder sie stauen einen Bach zu einem Teich auf, um darin ihre Burg zu bauen. Nach starken Regenfällen, wenn der Wasserspiegel steigt, öffnen die Biber die Schleuse: sie schaffen einen Abfluß. Hält die Trockenheit an, so daß der Wasserstand absinkt, machen sie die Schleuse dicht. Das Wasser steigt, bis es den vom Biber „errechneten" Normalstand erreicht hat.

Denn Biber sind nicht nur Holzfäller, Bauhandwerker und Flößer, sondern auch Ingenieure und Statiker. Die Bäume fällen sie für den Dammbau. Sie schneiden die Äste und Zweige ab und schleppen sie zum Seeufer. Um sich den Transport zu erleichtern, graben sie vom Ufer her Kanäle ins Land hinein, so daß sie es leichter haben, das hölzerne Baumaterial schwimmend zur Baustelle zu bringen.

Es gibt viel zu tun. Aber die Biber vermeiden alles, was überflüssig ist. Es scheint fast, als wüßten sie, wie man den Wasserdruck berechnet – nach der Breite des Abflusses und nach der Wassermenge, die der Stausee faßt. Denn niemals machen sie den Damm breiter und höher, als es die Umstände erfordern. Außerdem verläuft der Damm nicht geradlinig, quer zum Wasserfluß, sondern er wölbt sich dem strömenden Wasser entgegen wie die gekrümmte Staumauer eines Kraftwerksees.

Die Biberburg. „Meister Bockert", der Biber, ist ein Fachmann der Wasserwirtschaft. Er legt seine Burg mitten im Wasser oder am Rand an. Die Einfahrt beginnt unter dem Wasserspiegel. Im unteren Teil liegt das „Eßzimmer" mit Speisekammer für den Winter. Im Oberstock ist die „Wohnstube".

Regnet es zu viel, so daß der Wasserzufluß die Biberburg überfluten könnte, weiß der Biber Rat. Er eilt zum Damm, den er zur Wasserregulierung selbst angelegt hat, und verändert den Durchfluß. So bleibt sein Eigenheim stets trocken, der Eingang aber unter Wasser. Das ist wichtig, damit nicht Landraubtiere eindringen können. Das wäre schlimm für Familie Biber. Denn einen zweiten Ausgang gibt es nicht.

So wird der Wasserdruck zu den Seiten hin verteilt und abgeschwächt. Die Gefahr eines Dammbruches wird dadurch geringer.

Es war Ende Juni geworden, die Zeit der kurzen Nächte war angebrochen. Wir wählten ein Versteck nahe dem Arbeitsplatz der Biber. Da hatten wir gute Sicht nach allen Seiten. Wir tarnten uns dicht mit Zweigen und Gesträuch. Kamera und Tonbandgerät waren einsatzbereit.

Wir warteten. Noch hatten wir bei Familie Biber keinen Meter Film belichtet – von einer Totalaufnahme, einem Schwenk über den Bibersee und dem Kreisen eines Adlers am Himmel abgesehen. Hier war es still wie auf einer Baustelle am Sonntag. Nichts rührte sich. Alles lag wie verlassen da.

Erst als der Bergschatten über den See glitt, kamen die Biber aus ihrer sicheren Festung heraus. Wir hatten gehofft, daß sie jetzt zu ihrem Zimmerplatz eilen würden, um von den gefällten Stämmen Rinde abzunagen. Sie mußten doch Hunger haben, und die Rinde von Weichhölzern gehört zu ihrer bevorzugten Nahrung.

Aber sie verteilten sich am Ufer, wo es jetzt Beerenkräuter, Lilienwurzeln und andere schmackhafte Pflanzennahrung gab. Es war jeden Tag dasselbe: Solange die Sonne schien, herrschte Ruhe. Erst wenn die Schatten länger wurden, kamen die Biber und futterten sich am Seeufer satt. An Filmen war bei diesen düsteren Lichtverhältnissen nicht zu denken. Und beim Dammbau tat sich auch nichts. Es fiel kein Regen. Trotzdem reichte der Zufluß aus, den Wasserspiegel normal zu halten.

Unsere Enttäuschung wuchs von Tag zu Tag. Sollte das Unternehmen fehlschlagen?

Jeden Abend kehrten wir mit hängenden Köpfen in unser Waldblockhaus zurück und beratschlagten halbe Nächte lang, was da zu tun sei. Schließlich fiel mir eine mögliche Lösung ein: „Wie wäre es, wenn wir künstliches Hochwasser machten?“

Georg zuckte mürrisch die Schulter.

Ich wollte diesen rettenden Strohhalm ergreifen. „Einfach so“, sagte ich. „Wir brechen aus dem oberen Damm, der den höhergelegenen See staut, ein Stück heraus. Dann *müssen* die Biber aus ihrer Burg kommen und an die

Durch Baumschlag sowie Zu- und Abflußregulierung hat der Biber die Umgebung seiner Wasserburg in eine moorige Teichlandschaft verwandelt: die Biberwiese. Von hier aus schaffen die fleißigen Holzfäller die Stämme zum Wasser: sie „flößen“ das Holz. Wenn nötig, graben sie sogar kleine Kanäle, um den schwierigeren Transportweg über Land zu verkürzen.

Schon immer haben Biber, auch bei uns in Europa, reißende Wildbäche in Seenketten verwandelt, an Flußufern die Auwälder gelichtet und dadurch den Menschen die Besiedelung erleichtert. Für andere Tiere haben die Biber Weideflächen kultiviert und durch die von ihnen geschaffenen Gewässer die Fischbestände vermehrt.

Arbeit gehen, um den Schaden zu reparieren. Sonst steigt die Flut bis in ihre Schlafkammern hinauf, und sie holen sich nasse Bäuche."

Georg nickte. Das gab uns Hoffnung. Selbstverständlich wollten wir den Bibern nicht schaden. Sie hatten höchstens ein bißchen mehr zu tun. Aber da es eilte, mußten sie in diesem Fall ausnahmsweise mal am Tag arbeiten – bei ausreichend Filmlicht.

Wir fanden, das wäre ein guter Einfall. Selbstverständlich brauchten wir für unsere „Staudammsabotage" die Erlaubnis der Wildschutzbeamten. Wir sprachen mit dem Warden, zu dessen Bezirk der Bibersee gehörte. Er hatte keine Bedenken. „Ein interessantes Experiment", meinte er. „Bin gespannt, wie das ausgeht. Aber machen Sie die Lücke nicht breiter als drei Fuß, damit der Damm nicht von dem durchstrudelnden Wasser eingerissen wird!"

Mehr hätten wir in ein paar Stunden ohnehin nicht geschafft. Georg und ich gingen ans Werk. Es war Mittag geworden, die Sonne strahlte voller Kraft. Die Biber hatten ihre „Talsperre" mit Ästen und Zweigen so fest verkeilt, daß uns die Schwerarbeit schon bald den Schweiß aus allen Poren trieb. Endlich strudelte das Wasser aus dem Obersee in den Bibersee.

Wir eilten in das vorbereitete Versteck am Ende des Dammes und richteten beide Kameras auf die Bruchstelle. Selbstverständlich mußten die Biber längst gemerkt haben, daß da etwas in Unordnung geraten war. Wahrscheinlich hatten sie uns beobachtet, denn wir machten ja viel Lärm.

Wir warteten. Der Uhrzeiger schlich. Am Himmel kreisten zwei Adler. Als sie abstrichen, schrien sie ihr heiseres „Hijäh" zu uns herab. Sonst rührte sich nichts. Nur das vom Obersee herabrauschende Wasser war zu hören. Aber die Biber ließen es fließen. Es schien sie nicht zu beunruhigen.

Erst als die Dunkelheit kam und es fürs Filmen zu spät war, hörten wir Geräusche in der Nähe. Schattenhafte Gestalten huschten an der Bruchstelle geschäftig hin und her, liefen zum Arbeitsplatz und zurück, in fieberhafter Eile.

Ich schraubte an meinem starken Nachtglas. Keine Einzelheiten zu erkennen! Wir saßen wie auf heißen Kohlen. Würden die Reparaturarbeiten wohl über den Sonnenaufgang hinausdauern? Dann konnten wir wenigstens noch ein paar „schnelle Schüsse" versuchen...

Aber im Morgengrauen war alles vorbei, die Arbeit getan. Die Biberfamilien zogen sich in den Schutz ihrer Burgen zurück. Wir packten unsere Siebensachen zusammen und trotteten heimwärts – übernächtigt und maßlos enttäuscht.

Das Frühstück im Blockhaus schmeckte schal. „Was haben wir falsch gemacht?" fragte ich.

Wir legten uns mürrisch auf die Pritsche. Ich grübelte. Dann hatte ich die Lösung: Wir begannen erst am Mittag den Durchlaß zu öffnen. Die Biber aber wissen genau, wie groß oder klein die Bruchstelle ist und wieviel Wasser durchfließt. Hätten wir den ganzen oberen Sperrdamm aufgerissen, wären sie sofort angerückt, um den Schaden zu reparieren. Diese nur einen Meter breite Lücke aber, das war ihnen klar, reichte nicht aus, in den nächsten Stunden ihre Wasserburgen zu überfluten. Sie konnten sich also Zeit lassen bis zum Dunkelwerden. Bei Nacht zu arbeiten, war für sie nun mal viel ungefährlicher.

„Sie sind eben schlauer als wir", warf Georg ein, als wir beim Morgengrauen des nächsten

Nicht oft zu beobachten ist der größte aller Marder: der Vielfraß. Ich war diesem Bärenmarder schon in Nordnorwegen und Grönland begegnet: ohne Schwanz kann er gut seine 80 cm messen und um 30 kg wiegen. Gleich allen Mardern kann dieser „Stinkbär" aus seinen Afterdrüsen eine gelblichgrüne stinkende Flüssigkeit zwei, drei Meter weit verspritzen. Damit markiert er sein Revier. Er ist ein scheuer Einzelgänger. Ein indianischer Trapper erzählte mir einmal, daß ihm ein alter schlauer Vielfraß eine Zeitlang immer wieder die Fallen ausplünderte. „Er ist böse", sagte der Mann. Manche Indianerstämme sehen in dem Bärenmarder das Sinnbild des Schlechten überhaupt.

Tages aus den Federn krochen und mürrisch das Frühstück verzehrten.

Ich nickte. „Stimmt! Außerdem sind wir zur falschen Jahreszeit hier. Das wird mir jetzt klar. Ich werde heute mal der Parkverwaltung einen Besuch abstatten."

Der stundenlange Fußmarsch über den stillen, steinigen Maultierpfad, der sich in vielen Kurven, Kehren und Abbrüchen talwärts

Tiere – in ihrem Überleben bedroht

Überall wo die Menschen in die Natur eindringen und sie verändern, ist das Überleben der Wildtiere gefährdet. Dies gilt vor allem auch für Feuchtgebiete. Das sind Landschaften, die von Bächen und Flüssen, Seen und Teichen, Sümpfen und Mooren bewässert werden. Wenn der Mensch Land für Ackerbau und Viehzucht, Straßen und Eisenbahnen, Siedlungen und Produktionsbetriebe braucht, legt er Feuchtgebiete trocken. Er begradigt Flußläufe, schüttet Teiche und Seeufer zu, baut Schleusen, Wasserkraftwerke und Uferbefestigungen.

Damit zerstört er die natürlichen Lebensräume vieler Tiere. Sie ziehen sich zurück oder sterben allmählich aus, weil sie keine Nistplätze und keine Beutetiere mehr finden, so zum Beispiel Biber und Fischotter (Bild rechts). Auch in Nordamerika sind viele Feuchtgebiete zerstört oder durch Abwässer vergiftet worden. Noch immer aber gibt es in diesem riesigen Land weite Wasserlandschaften, in denen gefährdete Tiere und Pflanzen einen Lebensraum finden.

wand, tat mir wohl. Sobald das Blut schneller durch die Adern strömt und die frische Waldluft die Lungen füllt, sieht die Welt gleich viel freundlicher aus!

Der Chef des Nationalparks hörte mir aufmerksam zu. Ich sagte: „Wir hätten den Damm die Nacht über aufbrechen sollen. Dann wäre die Reparaturkolonne der Biber spätestens im Morgengrauen zur Arbeit angerückt. Aber das wäre kaum zu schaffen und macht auch zu viel Lärm. Vielleicht hätten wir die Tiere vergrämt, so daß sie gar nicht mehr hervorgekommen wären.“

Er nickte. „Eine Frage, Mr. Sielmann. Haben Sie nicht noch anderswo zu tun?“

„Ich wollte zwischendurch weiter rauf nach Norden, um Braunbären, Schwarzbären und Wölfe zu filmen.“

„Tun Sie das! Ihr Mitarbeiter kann ja mit einer Kamera hierbleiben. Vielleicht hat er Glück und erwischt die Biber auch mal bei Tag. Falls Not am Mann ist, kommen sie selbst bei strahlendem Sonnenschein hervor. Wenn Sie im Herbst zurückkehren, sind die Biber Tag und Nacht am Werk, um die Dämme und Burgen winterfest zu machen.“

„Okay, Sir. Wird mir wohl nichts anderes übrigbleiben.“

Freud und Leid eines Tierfilmers

Ich beschaffte Lebensmittel für Georg. Er sollte die nächsten Monate allein im Blockhaus beim Bibersee bleiben: weiter beobachten, Tonaufnahmen machen, Zwischenschnitte der Landschaft, der Veränderungen in der Natur und des Tierlebens filmen, auf Wölfe pirschen, die als Tagjäger im Rudel auf Jagd gingen. Adler drehen, die oft am Himmel ihre Kreise zogen. Hier oben im Bergwald gab's viele Eichhörnchen, die er bei ihrer Nahrungssuche filmen konnte, wenn sie Pilze und Nüsse sammelten. Außerdem lebten hier in den Gewässern zahlreiche Minks. Diese Amerikanerze konnte er vielleicht überraschen, wenn sie auf Fischfang gingen oder wenn sie in ein Erdloch krochen, um sich eine Eidechse herauszuholen. Arbeit gab's genug.

Darauf kommt es nämlich an: Der Tierfilmer muß stets zur rechten Zeit am richtigen Ort sein. Denn die Natur folgt ihren eigenen Gesetzen. Und die Tiere warten nicht. Sie bauen ihre Nester, sobald es an der Zeit ist. Und sie kriegen ihre Jungen zur gegebenen Zeit. Jahreszeiten, Flüsse und Berge, Wetter und Nahrungsangebot bestimmen ihre Wege und Ziele. Da muß der Tierfilmer und Verhaltensforscher eben rechtzeitig zur Stelle sein und mitziehen.

Ich habe mit großen Filmteams gearbeitet. Als ich im afrikanischen Kongo den abendfüllenden Breitwandfilm *Herrscher des Urwalds* drehte, hatte ich fast beliebig viele Mitarbeiter – Kameraleute, Tontechniker, Standfotografen und andere Fachleute – zur Verfügung. Auch andere Filmproduktionen machen Tierfilme mit großem Aufwand. Meine jahrzehntelange Erfahrung hat mich jedoch gelehrt, daß ich am besten mit einem ganz kleinen Team zurechtkomme. Je weniger Menschen, desto lautloser und unauffälliger kannst du dich an scheue Wildtiere heranschleichen.

Nach Nordamerika ging ich daher mit nur einem Mann: Georg Theilacker, meinem altbewährten Freund und Mitarbeiter aus München. Da muß selbstverständlich jeder von uns alles können und machen: Gepäck schleppen, Kamera und Tonbandgerät bedienen, Fotos knipsen, Filmkassetten, Objektive und Bandspulen wechseln, Mikrofone an den günstigsten Stellen unterbringen. Reparieren und reinigen. Auto fahren, auch in unwegsamem Gelände. Selbstverständlich Strapazen nicht scheuen und gut zu Fuß sein. Wind und Wetter nicht fürchten. Zelte aufschlagen oder im Freien kampieren. Mit nassem Holz Feuer machen. Fische fangen, Suppe kochen, Knöpfe annähen. Nach Karte, Kompaß und Sternen sich zurechtfinden. All die Tricks und Techniken beherrschen, die nötig sind, um in freier Wildnis zu überleben.

Das kann nicht jeder und will nicht jeder. Es ist kein reines Honigschlecken. Georg Theilacker konnte und wollte es. Er war ein ausgezeichneter Kameramann und Filmkönner. Dazu bescheiden, genügsam, findig – nie um einen Ausweg verlegen. Ein Kamerad und Freund, der mit dir durch dick und dünn geht. Sonst bist du draußen verloren. Denn zwangsläufig kommst du, bei aller Vorsicht, auch in gefährliche Situationen. Da muß man sich aufeinander verlassen können. „He's a good fellow", sagten meine Freunde, „really a nicy guy!" Das war ein großes Lob: „Er ist ein prima Kamerad, wirklich ein feiner Bursche."

Selbstverständlich brauchten wir oft Helfer: Träger, Kraftfahrer, Piloten, Wildwarte, Wegkundige. Dazu Rat und Hilfe von Zoologen und anderen Wissenschaftlern. Möglichst viele Bekanntschaften und persönliche Kontakte sind da unentbehrlich. Erfahrungsaustausch mit anderen Forschern.

Unterwegs zum Drehort am frühen Morgen. Oft sind lange und beschwerliche Anmarschwege zurückzulegen – hier beim Durchwaten des McNeil-Flusses. Das Gepäck wiegt nicht wenig. Auf jeden Fall muß der wasserdichte Aluminiumkoffer für die Kamera mit, auch das Tonbandgerät. Wenn irgend möglich, bleibt ein Teil des Gepäcks am Drehort zurück, um für den täglichen Hin- und Herweg Last zu sparen, falls wir nicht überhaupt nahe beim Arbeitsplatz ein Lager aufschlagen.

Anflug auf das Mündungsgebiet des McNeil-Flusses in Alaska. Als ich dieses Foto machte, konnte ich nicht ahnen, daß wir bald darauf eine ziemlich unsanfte, gar nicht ungefährliche „Bauchlandung“ machen sollten. Aber alles ging gut. Es öffnete sich uns eine nordische Landschaft von wilder Schönheit.

Alaska gehört zu meinen „Traumländern“. Wenn immer sich die Gelegenheit ergibt, kehre ich hierher zurück, um den arktischen Winter oder den Zauber der Mittsommernacht neu zu erleben.

So entsteht im Laufe der Jahre und Jahrzehnte eine internationale Arbeitsgemeinschaft, in der jeder den anderen unterstützt. Bei Tagungen in aller Welt, wenn ich meine wissenschaftlichen Filme zeige und Vorträge halte, treffe ich führende Zoologen und andere Naturwissenschaftler, die das kennen, was abseits der vielbetrampelten Touristenwege liegt. Sie geben mir wertvolle Hinweise. Welche Behörden müssen eingeschaltet und welche Genehmigungen besorgt werden? Wo sind Führer und Träger zu finden? Wer verleiht oder vermietet zuverlässige Geländefahrzeuge? Wo gibt's Proviant und anderes Lebensnotwendige, ohne daß du übers Ohr gehauen wirst? Was ist der zuständige Sheriff für ein Bursche (denn der kann dich vielleicht mal aus der Patsche ziehen)? Zustand der Anfahrtstraßen, Entfernung zu den nächsten Polizeistationen, Militärposten, Funkstationen und Ansiedlungen ... Aus hunderten von Fragen und (hoffentlich richtigen) Antworten ergibt sich eine lange Liste von Vorbereitungen, die ohne die Hilfe von Gönnern, Freunden und Kollegen nicht zu bewältigen wären.

Zu den Braunbären am McNeil River

Es war der 19. Juli. Beim ersten Frühlicht zog Frank Norman, mein „Buschpilot", sein zweimotoriges Flugboot *Grouse* vom Startplatz bei der Hafenstadt Anchorage hinauf in die Wolken. Ich saß neben ihm im Cockpit, hinter uns zwischen zehn Zentnern Expeditionsgepäck Dick Zinsman vom Veterinärinstitut des US-Bundesstaates Alaska: ein Riese von Mann, dreißig Jahre alt, bullenstark, ein großer Jäger und vorzüglicher Bärenkenner.

Denn die wollte ich filmen – Braunbären im Mündungsgebiet des McNeil River auf der Alaska-Halbinsel, 320 km südwestlich von Anchorage. Hier treffen sich jeden Sommer zwischen Anfang Juli und Mitte August achtzig, hundert Tiere, um Lachse zu angeln. In riesigen Schwärmen wandern die Fische jetzt flußaufwärts, um weiter oben zu laichen. Nirgendwo sonst kommen so viele Braunbären zusammen wie hier.

Die Erlaubnis, im Deltagebiet des Flusses zu filmen, hatte ich mir bereits von München aus besorgt. Die *Fish and Wildlife Division of Alaska* (Fisch- und Wildschutz) hatte mich eingeladen und mir grünes Licht gegeben.

Die *Grouse* tuckerte durch dichte, bewegte Wolkenfelder. Sobald sie sich öffneten, filmte ich die unter uns liegenden weiten Bergwälder der Kenai-Halbinsel, das satte Grün der Hemlocktannen und der Sitkafichten. Aber immer dichter flogen mir Nebelschwaden vors Objektiv. Frank zog die Maschine höher.

„Verdammte Suppe!" knurrte er.

Graue Schleier hüllten uns ein. Wir hatten keine Bodensicht mehr. Über Sprechfunk rief unser Pilot den Flughafen Anchorage. Die Auskunft war niederschmetternd: „Landung im McNeil-Delta unmöglich. Gehen Sie in Homer runter. Die Bucht dort ist nebelfrei. Melden Sie sich morgen wieder. Hals- und Beinbruch!"

Notgedrungen mußten wir in Homer, einem trostlosen Nest an der Küste der Kenai-Halbinsel, Zwischenlandung machen. Als ich am Morgen vor die Blockhütte trat, war der Himmel verhangen. Nach zwei Stunden endlich bohrten sich die ersten Sonnenstrahlen durch die graugelbe Nebelwand. Ich ging zur *Grouse* hinüber, die träge am Landungssteg schaukelte.

Frank sprach gerade mit der Flugwetterwarte in Anchorage. „Der Nebel geht auf", sagte er. „Über der Alaska-Halbinsel Wolkenauflockerung. Die Wetterfritzen meinen aber, wir sollten die Hochflut abwarten, bis auch im Fluß das Wasser wieder steigt." Er sah mich fragend an. „Was meinen Sie, Mr. Sielmann?"

Ich zuckte die Schultern. Schließlich war *er* der Pilot. „That's your job, Frank!" antwortete ich. „Das ist Ihre Verantwortung."

Bären beim Lachsfischen. Das gibt es nicht oft zu sehen. Hier am McNeil kann man es erleben. Braunbären sind ja bekanntlich große Leckermäuler, die mit Vorliebe süßen Honig naschen. Neben Fleisch- und Pflanzenkost wissen sie diese köstlichen Lachse zu schätzen, die jetzt zum Laichen flußaufwärts ziehen. In den unübersehbaren Schwärmen sind oft Fische von mehr als 1 m Länge und bis 40 kg Gewicht. Da macht's keine große Mühe für Meister Petz, sich die schönsten Lachse herauszuangeln.

Er zögerte. Dann sagte er entschlossen: „Versuchen wir's!"

Ich wußte, daß er hier weg und möglichst bald nach Anchorage zurück wollte, weil er morgen einen neuen Transportauftrag zu erledigen hatte. Die Siedlungen liegen in diesem riesigen Land so weit auseinander, daß es mehr Lufttaxis gibt als vierrädrige Mietwagen. Die Buschpiloten sind Mädchen für alles.

Franks Ungeduld wäre uns fast zum Verhängnis geworden. Denn als die *Grouse* nach einstündiger Flugzeit in der Bucht des McNeil-Flusses zur Wasserung ansetzte und mit schäumender Bugwelle dem steinigen Ufer entgegenschlitterte, gab's plötzlich einen Ruck. Und noch einen. Es knirschte unter uns. Dann stand die Maschine. Ihr breiter Bauch saß auf dem Grund fest.

Frank maulte: „So'n Mist! Ich hätt's ja wissen müssen. Jetzt aber rasch raus mit dem Gepäck! Wenn ich nicht gleich wieder flott komme, sitze ich zehn Stunden fest, bis die nächste Flut kommt. Und das kann ich mir einfach nicht leisten. Denn diese Kiste verdient nur Geld, solange sie fliegt. Go on, boys!"

Wir schlüpften in die hüfthohen Gummistiefel und sprangen ins seichte Wasser. Im Geschwindmarsch schleppten wir die Metallkoffer mit Filmkameras und Zubehör sowie das übrige Gepäck zu einer Kiesbank vor die Uferböschung. Es war anstrengende Schweißarbeit.

Frank klemmte sich in seinen Pilotensitz. Dick und ich stemmten uns gegen die *Grouse*. Ruck für Ruck hievten wir sie um Zentimeter weiter – eine üble Schinderei. Aber schließlich kam sie doch bodenfrei in tieferes Wasser. Frank startete und jagte das Flugboot mit heulenden Motoren über die Bucht, daß die Gischt aufsprühte. Von Passagieren und Gepäck erleichtert, hob sie auf kürzerer Strecke ab. Frank winkte uns zu und zog in steiler Kurve den Wolken entgegen.

Wir waren noch mit dem Zusammensuchen unserer eilig abgelegten Siebensachen beschäftigt, als zwei bärtige Männer auf uns zukamen. Man sah ihnen an, daß sie schon lange als „Waldläufer" der Zivilisation entwöhnt waren. Sie begrüßten uns mit munterem „Hey" und „Hallo". Wir stellten uns vor und wechselten ein paar Worte nach Woher und Wohin. Es waren Wissenschaftler von der alaskischen *Fish and Wildlife Division*. Sie betrieben hier ein Forschungsprojekt, um die Wanderwege und Lebensgewohnheiten der Braunbären zu erkunden.

Sie machten keine Umstände. „Come on!" luden sie uns kameradschaftlich ein. „Sie können in unserem Camp Ihr Zelt aufschlagen."

Das war mir sehr recht. Von den Bärenforschern konnte ich mir gute Tips erwarten. Sie halfen uns bereitwillig, das schwere Gepäck zu ihrem Standlager zu schaffen – zwei Kilometer flußaufwärts, wo sich der McNeil ein 500 Meter breites Delta ausgegraben hatte.

Unser Lager war rasch aufgeschlagen. Dann ging ich mit einem der beiden Zoologen zur hoch über dem Fluß gelegenen Uferbank hinüber. Der Fluß eilte mit starker Strömung durch die Bergtäler der Alaska-Halbinsel herab. Über senkrechte Felsterrassen stürzten die Wassermassen in ein Gewirr von Rinnen, die sich zwischen flachen, bei Hochflut überschwemmten Kiesbänken hindurchschlängelten. Als ich das Fernglas vor die Augen nahm, entdeckte ich etwa 300 Meter flußabwärts ein paar Bären beim Fischefangen. Ich hatte gute Lust, mich gleich anzuschleichen.

Mein Begleiter hielt nichts davon. „Lassen Sie's lieber!" warnte er mich. „Die Flußarme können Sie nur bei niedrigstem Wasserstand überqueren. Mit steigender Flut reißt Sie die starke Strömung unwiderstehlich von den Füßen. Das ist lebensgefährlich. Kommen Sie lieber mit! Wir trinken erst mal einen."

Rasch fiel die Dämmerung herab. Wir saßen am prasselnden Lagerfeuer der Bärenmänner und begossen mit eiskaltem Whisky unsere Freundschaft. Es war eine sternklare Nacht. Hoch am Himmel stand hellfunkelnd der Polarstern. Darunter die beiden leuchtenden Sternbilder *Großer Bär* und *Kleiner Bär*. Wie Diamanten blitzten sie am nachtblauen Himmel – so klar und schön, daß es mir den Atem verschlug vor Staunen.

Donnernd rauschte der McNeil dem Meeresarm des Cook Inlet zu. Das Holzfeuer warf zuckende Flammen umher. In dünnen Säulen stieg der Rauch empor und verwehte im lauen Abendwind. Am Spieß brutzelten köstlich fette Lachse. Der Gewürzduft stieg mir verlockend in die Nase. Wir redeten lange über die Bären und ihre Gewohnheiten. Ich hatte viel zu fragen und bekam von den amerikanischen Wissenschaftlern wertvolle Hinweise.

Zwischendurch lauschte ich den Stimmen der nordischen Nacht. Vom Wald herüber

Nordamerika hat viele Gesichter: Berge und Seen, weite Wälder und Wüsten, endlose Prärien und Getreidefelder, arktische und subtropische Landstriche. Es war für mich immer wieder faszinierend, diese Unterschiede der Landschaft und der Vegetation zu erleben. Hier, auf 2500 m ü. d. M., herrschen im Winter Minusgrade. Geht man jetzt von hier aus abwärts, so erreicht man nach mehreren Stunden eine trockenheiße Wüstengegend.

Wie der weiße Mann den „Wilden Westen" eroberte

Das Vorrücken der Weißen im Norden Amerikas und die Erschließung des riesigen Kontinents war nicht aufzuhalten. Im Jahre 1534 hatte der französische Entdecker Cartier das Land am Sankt-Lorenz-Strom in Kanada für den König von Frankreich in Besitz genommen. 1584 errichtete der englische Seefahrer Sir Walter Raleigh eine Siedlung in North-Carolina. 1614 gründeten die Holländer am Hudson-Fluß die Stadt Neu-Amsterdam, das heutige New York. Während die Franzosen das Inland erforschten, eroberten die Engländer allmählich ganz Nordamerika. 1793 erreichte der Pelzhändler Mackenzie nach abenteuerlichen Fußmärschen und Kanufahrten durch die Weiten Kanadas und das Große Felsengebirge die Küste des Stillen Ozeans.

Nachdem größere Teile des nordamerikanischen Ostens besiedelt waren, schwoll in der zweiten Hälfte des 17. und im 18. Jahrhundert der Zug der Einwanderer in den Westen an – bis ins 20. Jahrhundert hinein. Es waren auch viele Deutsche darunter, die in der Neuen Welt ein neues Leben suchten – die meisten kamen aus religiösen oder wirtschaftlichen Gründen.

Seit Mitte des 19. Jahrhunderts kamen auch viele Einwanderer aus Ostasien zuerst an die Pazifikküste, die vor allem billige Arbeitskräfte für die kalifornische Industrie waren. Eisenbahnlinien quer durch den Kontinent, Binnenschiffahrt auf den großen Strömen und Seen, Fernstraßen und moderne Highways sowie ein dichtes Netz von Luftlinien und Flugplätzen haben die Erschließung des Kontinents beschleunigt.

Beim Flug über die Weiten des Kontinents kommt der Hoover Staudamm in Sicht (*siehe Foto*). Er staut an der Grenze von Arizona zu Nevada den Flußlauf des Colorado River. Mit 380 m Länge und 223 m Höhe ist er eines der größten Stauwerke der Erde. Der See hinter der Staumauer ist der Lake Mead.

kam der dumpfe, durchdringende Ruf des Uhus. Später wiederholte er sein lautes „Ku-huuu . . . Ku-huuuuu". Es klang jetzt ganz nah. Dann schickte er ein rauhes „Kveck-kveck" hinterher. Es hörte sich fast wie das Kreischen eines aufgeschreckten Reihers an. Ganze Wolken von Moskitos tanzten im funkensprühenden Licht des Lagerfeuers. Eine Fledermaus sah ich gar nicht sehr weit vorübersegeln auf Mückenjagd. Später hörte man aus der Ferne die Rufe einer umherstreifenden Wolfsmeute – mal da und mal dort.

Der lange Tag hatte uns hundemüde gemacht. Wir krochen erschöpft in unsere Schlafsäcke. Ich fiel in einen flachen, unruhigen Schlummer. Die Bären spukten gewaltig durch meine Wachträume.

Ein Tierfilmer ist wie ein Jäger, nur daß er lautlos „schießt"; aber die Ängste eines Weidmanns sind auch seine Ängste . . . „Wird es klappen? Komme ich nahe genug ans Wild heran? Wird mir das Wetter keinen Strich durch die Rechnung machen?" Und so weiter, und so weiter . . .

Am McNeil River unter den lachsfischenden Braunbären: Mein Kameramann Dieter Hoese und ich, als wir später nochmals dorthin kamen, um weitere Aufnahmen für meine Fernsehreihe *Expeditionen ins Tierreich* zu drehen.

Tierfilmerei ist nicht nur eine anstrengende, sondern auch eine kostspielige Sache. Nicht zuletzt muß die Technik klappen! Was ist, wenn du wochen-, vielleicht monatelang in fernab gelegener Wildnis gedreht hast und nach der Rückkehr in die Zivilisation feststellst, daß die Filme nicht in Ordnung sind? Das sind Alpträume für jeden berufsmäßigen Tierfilmer.

Kamera und Tonbandgerät sind die „Waffen" des Naturfilmers. Und viel mehr noch als jeder Jäger muß er auf seine Findigkeit, seine zoologischen Kenntnisse und sein Glück bauen . . .

Ich wälzte mich im Halbschlaf. Da erfüllte plötzlich ein Dröhnen und Rasseln das kleine Zelt, als ob die Posaunen von Jericho losschmetterten. Diese durchdringenden Geräusche, verstärkt durch ein gräßliches Zähneknirschen, wie wenn Mühlsteine aufeinanderrieben, entfuhren der Gurgel von Dick Zinsman. Sein athletischer Brustkasten, der sich mächtig hob und senkte, preßte diese fürchterlichen Urlaute wie ein Blasebalg hervor. Nie sonst habe ich einen Menschen so grausig schnarchen hören wie diesen bärenstarken Burschen. „Hey!" sagte ich.

Er hielt kurz inne. Dann schnarchte er weiter.

Das mußte ein Ende haben, sonst war an Schlaf nicht mehr zu denken! Ich langte zu ihm hinüber und schüttelte ihn. Er sägte weiter. Ich stieß ihn derb in die Seite. Zwecklos! Da begann ich ihn heftig an der Schulter zu rütteln. „He, du Walroß!"

Der Erfolg war verblüffend. Blitzschnell, mit einem gewaltigen Schwung, warf sich Dick über mich, packte mich mit seinen kräftigen Fäusten am Schlund und begann mich zu würgen. Ich bekam keine Luft mehr, krächzte und versuchte mich zu befreien. Seine Pranken preßten sich um meinen Hals. Todesangst packte mich. Ich schlug ihm ins Gesicht, brüllte wie ein Stier und riß mich verzweifelt los. Ich knipste die Taschenlampe an.

Jetzt endlich wachte er auf und fuhr entsetzt zurück. Schweiß stand auf seinem Gesicht. Er keuchte: „Ah, du bist's! Ich träumte, ein Grizzly wäre im Zelt und wollte mich fortschleppen . . . 'tschuldige. Soll nicht wieder vorkommen."

Ein paar Minuten darauf sägte er wieder, als ob er alle Wälder Alaskas und Kanadas abholzen wollte. Das war nicht auszuhalten. Dick sah es ein und zog mit seinem Schlafsack ins Proviantzelt um. Auch von da klang sein Schnarchkonzert herüber, aber doch viel gedämpfter. Es war einigermaßen auszuhalten.

Wie Braunbären Lachse fangen

Als der Tag dämmerte, schnürten Dick und ich unsere Rucksäcke. Der Fluß hatte Niedrigwasser, das uns bis zu den Knien ging. Trotzdem war die Strömung reißend. Das schwere Gepäck auf dem Rücken, hakten wir uns bei den beiden amerikanischen Zoologen ein und wateten hinüber. Wir hatten verabredet, daß keiner den anderen bei der Arbeit stören sollte. Die beiden Amerikaner waren hier, am Mündungsgebiet, mit ihren Beobachtungen beschäftigt.

„Gehen Sie eine Meile flußaufwärts!" empfahl mir der Expeditionsleiter. „Da finden Sie einen günstigen Platz. Aber singen Sie unterwegs kräftig! Die Bären dürften bereits ihre Morgenmahlzeit hinter sich haben und jetzt im ufernahen Gebüsch ihren ersten Verdauungsschlaf halten. Ich habe einige Muttertiere mit Jungen beobachtet. Sobald sie Ihre Stimmen hören, ziehen sie sich zurück. Falls sie sich jedoch überrascht fühlen, kann das für Sie verdammt unangenehm werden."

Auch ich hatte so meine langjährigen Erfahrungen mit Bären. Vorsicht war immer geboten! Zwar hatte Dick ein Gewehr dabei, während ich stets unbewaffnet auf Expedition gehe. Ich verlasse mich auf meine Tierkenntnis und meinen Verstand. Wildtiere greifen Menschen gewöhnlich nur an, wenn sie sich bedroht fühlen. Trotzdem bin ich nie leichtsinnig vorgegangen, sondern habe jede Situation sorgfältig erwogen. Man muß wissen, wie sich die Tiere verhalten. Selbstverständlich gibt's keine Sicherheit. Und hier war nicht auszuschließen, daß die Bären, von menschlicher Witterung plötzlich aufgeschreckt, uns Störenfriede anfielen. Vor allem Muttertiere, die Junge bei sich haben, können sehr gefährlich werden.

Selten habe ich zwei erwachsene Männer so laut und falsch singen hören wie uns. Ich schmetterte abwechselnd „Hoch auf dem gelben Wagen", „Mein Vater war ein Wandersmann, und mir liegt's auch im Blut" und was mir sonst noch an Liedern aus meiner Jugend einfiel. Dick jodelte immerzu das amerikanische Volkslied „Old MacDonald had a farm, had a farm, had a farm". Und er quakte und gackerte und schnatterte . . . quak-quak wie 'ne Ente, oink-oink wie ein Schweinchen, gobble-gobble wie ein verrückter Truthahn. Es war schon recht komisch und muß ganz schauerlich geklungen haben. Aber offensichtlich erfüllte es seinen Zweck und schreckte die Bären ab.

Die Landschaft war hier bereits in Tundra übergegangen. Zwischen verstreut umherliegenden Steinblöcken wuchsen niedrige Weiden und Birken. Da ist ein ruhender Braunbär kaum zu entdecken. Kreuz und quer zogen sich tief ausgetretene Wildwechsel durchs Gelände. Trotzdem begegnete uns auf dem eineinhalbstündigen Marsch kein einziger Bär. Wir erreichten die Stromschnellen ohne Zwischenfall.

Am Ufer entdeckten wir eine etwa fünf Meter hohe Steinplatte, auf der rundum brusthohe Felsbrocken aufgetürmt waren. Wir hätten keinen günstigeren Platz finden können. Hier konnten wir ungestört hantieren, ohne uns zu verraten. Die Tarnung war vollkommen.

Der Blick reichte kilometerweit den Fluß hinauf und hinab. Welch eine phantastische Landschaft! Im Hintergrund, bis in die weißen Wolkenballen hinauf, die noch von Schneefeldern überglänzten Berge. Nach Süden hin die Waldgrenze und im Norden die flache Tundra, deren Flechten- und Moosteppich, von Zwergstrauchheide gesprenkelt, sich in der dunstigen Ferne verlor. Schäumend und gurgelnd

Der Lachs, auch Salm genannt, bewohnt die Küsten beiderseits des Nordatlantiks. Früher zogen große Lachsschwärme auch in vielen unserer Flüsse aufwärts, um in den Quellgebieten zu laichen. Das gibt es leider kaum noch. Unsere Flüsse sind zu stark verunreinigt. Der McNeil hier in Alaska ist noch sauber, so daß Meister Pelz, der Braunbär, keine Not hat, sich seine Fischmahlzeiten zu holen. Aber die Luft- und Gewässerverschmutzung ist auch schon hierher vorgedrungen.

strömte dicht vor uns der McNeil über die Klippen und Felseinschnitte, bildete rauschende Wasserfälle, zwängte sich durch Engpässe und strudelte eilig dem Meer zu.

Rosafarben glänzten die fetten Leiber der Lachse in der Sonne, wenn sie kraftvoll aus dem Wasser schnellten, um die zahllosen Hindernisse zu überwinden. In riesiger Zahl wanderten sie jetzt flußaufwärts zu ihren Laichplätzen am Oberlauf des Stroms. Dort waren sie vor Jahren geboren worden – wo die Lachsmütter seit undenklicher Zeit den Laich ablegen: zehn- oder zwanzigtausend Eier jedes Weibchen, manchmal auch das Doppelte. Von den männlichen Tieren, den „Milchnern" besamt, entstehen daraus die Junglachse.

Viele der Altfische, von der monatelangen mühevollen Reise stromaufwärts entkräftet, sterben danach den Erschöpfungstod. Der Lebenskreis hat sich gerundet, ihre Aufgabe ist erfüllt. Im Frühjahr, ein Jahr oder auch zwei bis drei danach, ziehen die Salmlinge dem Meer zu. Dort räubern sie unter Muscheln, Krebsen und Kleinfischen, um sich genug Kraft anzufuttern.

Jetzt kamen sie zurück zu ihren Geburtsplätzen, um dort ebenfalls Nachkommen hervorzubringen. Schon auf dem strapaziösen und gefahrvollen Hinweg gingen viele zugrunde. Nicht wenige von ihnen holten sich die naschhaften Bären. Während ich die Kamera aufbaute, zählte Dick elf dieser Leckermäuler.

Einige standen im Flachwasser der Uferbuchten, andere auf Felsblöcken mitten in den Stromschnellen. Unbewegt, mit gespannter Aufmerksamkeit, beobachteten sie die fette Beute. Der Tisch von Meister Petz war reich gedeckt. Er brauchte nur zu warten, bis ihm ein besonders schöner Fisch vor die Tatzen schwamm oder beim Hochspringen an seiner Schnauze vorüberschnellte. Schwapp und schnapp – und zugebissen! Oft ging es daneben. Aber bei solch reichlichem Nahrungsangebot konnten sich die Braunen viel Zeit lassen. Jeder kam auf seine Kosten.

Ich hatte jetzt einen der stattlichsten Bären, der ein prachtvoll zimtfarbenes Fell trug, im Kamerasucher. Gierig blitzten seine Augen. Plötzlich stieß er die Schnauze ins Wasser und biß zu. Vorbeigeangelt! Gleich darauf schnellte ein besonders fetter Lachs dicht vor dem Zimtfarbenen hoch in die Luft. Der Bär schnappte nach ihm, aber der Fisch war schneller.

So ging's oft. Das machte gar nichts. Zeit spielte hier keine Rolle. Mit täppischer Bewegung suchte er sich einen anderen Platz. Das sah fast unbeholfen aus. Aber plötzlich schnappte er unglaublich behende zu, und ein gut siebzig Zentimeter langer Lachs steckte quer in seinem Maul. Er biß zu, stellte seine Vordertatze drauf, damit der glitschige Fisch sich nicht loszappelte und auf Nimmerwiedersehen entglitt. In aller Gemütsruhe, schmatzend und schmausend, verzehrte der Braunbär die köstliche Beute.

Eines Mittags trottete eine Bärin mit zwei Jungen aus dem Gebüsch. Während sich die braungelben Jungpetze am Ufer miteinander balgten, sprang ihre Mutter mit einem Satz ins Wasser. Eine Weile blieb sie untergetaucht. Dann kehrte sie mit einem dicken Fisch zurück. Die Jungen machten sich zuerst über die besten Brocken her. Schon bald gerieten sie sich in die Wolle. Jeder bildete sich ein, daß der andere ihn übervorteilte. Jaulend stiegen sie auf die Hinterbeine und hieben sich die Pranken um die Ohren. Erst, als ihnen die Mutter einen zweiten Fisch zuwarf, wurden sie wieder friedlich.

Auf unserer Steinterrasse über den Stromschnellen waren wir – wie unter einer Tarnkappe verborgen – voll mit Beobachten und Filmen beschäftigt. Wir sahen alles, ohne selbst gesehen zu werden. Die Kamera lief und lief. Eine packende Szene folgte der anderen. Ich hatte da einen Volltreffer gelandet – das große Los des Tierfilmers gezogen.

Die Tage vergingen wie im Flug. Pünktlich jeden Morgen erschienen unsere Bären auf der Bildfläche zum Fischfang. Unaufhaltsam, in millionendichten Schwärmen, drängten die Lachse den Fluß hinauf. Tausende von Silbermöwen schossen kreischend übers Wasser, um sich ihren Anteil an der nahrhaften Beute zu sichern. Ebenso gierig und futterneidisch machten sie sich über die Reste her, die von den Bärenmahlzeiten übrigblieben. Dutzende von Weißkopfseeadlern drehten überm Fluß ihre Kreise. Plötzlich stieß einer blitzschnell herab und kurvte mit einem zappelnden Fisch im Schnabel davon.

Eines Morgens stand eine hellgraue Wölfin am Ufer. Wir hatten sie gar nicht kommen sehen. Reglos wie eine Marmorstatue war sie übers Wasser gebeugt, das Maul halb geöffnet, mit schimmernden Fangzähnen und schwefelgelb glühenden Augen. Offenbar hatte sie uns gar nicht bemerkt. Wölfe sind außerordentlich scheue Geschöpfe, sehr mißtrauisch, mit

Ein schönes isabellfarbenes Fell haben diese beiden Petze, die da auf Lachse lauern. Die Alaskabären werden auch Kodiakbären genannt, nach der gar nicht sehr weit von hier gelegenen Halbinsel Kodiak. Dieser Riese erreicht ein Gewicht bis 700 kg. Er gilt als das größte Landraubtier der Erde.

Bären sind Sohlengänger. Sie hören scharf und wittern vorzüglich. Aber besonders gut sehen können sie nicht. Hier in Nordamerika bewohnen die Braunbären die nördlichen bis nordwestlichen Nadelwälder von Kanada bis in die Vereinigten Staaten. In der kalten Jahreszeit halten sie Winterruhe. Es sind Allesesser, die auch Fleisch verzehren, hauptsächlich aber Pflanzenkost.

Obwohl es Nahrung die Fülle gab, konnten die futterneidischen Wasservögel den Streit untereinander doch nicht lassen. Das ist aber, so meine ich, keine bösartige Feindschaft, obwohl es oft anders aussieht. Denn Möwen sind sehr gesellige und untereinander verträgliche Vögel. Das müssen sie auch sein, da sie in großen Kolonien nisten. Petz, der Braunbär, läßt sich von kreischenden Seevögeln nicht stören.

scharfer Witterung. Aber der Wind stand günstig, und das Rauschen des Flusses übertönte das Kamerasurren.

Ich filmte mit angehaltenem Atem. Noch nie vor mir hatte ein Tierfilmer das Glück gehabt, einen Wolf beim Fischefangen zu überraschen. Die Timberwölfin machte einen Schritt ins Seichte. Noch einen. Und noch einen. Sie lauerte starr. Dann stieß sie geschwind das Maul ins Wasser und schüttelte sich. Vorbeigezielt!

Sie rückte eine Beinlänge zur Seite, verharrte und schnappte erneut zu. Beim vierten Versuch klappte es. Ein gut meterlanger fetter Lachs zappelte in ihrem Fang. Sie warf den Kopf zurück, sprang ans Ufer und verschwand mit gestreckten Sprüngen im Gebüsch. Irgendwo in Deckung warteten wohl ihre hungrigen Wolfskinder auf die Mahlzeit.

Jeden Tag gab es am McNeil Neues zu entdecken. Neben den Bären wollen sich auch andere ihren Anteil am Lachsreichtum holen. Unerschrocken und aufdringlich wie überall zeigten sich die Möwen – hier Silbermöwen. Sie nahmen, was sie kriegen konnten – auch die Reste, die Meister Petz verschmähte.

Als Meister Petz uns im Zelt besuchte

Die meisten Bären bezogen auf einer erhöhten Felsplatte Posten, bis sie sich mit einem schnellen Sprung ins schäumende Wasser stürzten, um einen Fisch mit den Zähnen zu packen. Wo das Wasser flacher war, veranstalteten sie regelrechte Wettrennen.

Aber nicht alle erwiesen sich beim Lachsangeln gleich geschickt. Es gab auch unbegabte Tolpatsche. Tagelang beobachtete ich eine Bärin mit drei zweijährigen Jungen. Was versuchte sie nicht alles, ohne auch nur einen einzigen Fisch zu fangen! Es tat mir regelrecht weh, den hungrigen Bärenkindern zuzusehen, wie sie vergeblich auf etwas Eßbares warteten.

Am Ende, in ihrer Verzweiflung, machte sich die erfolglose Bärenmutter an andere heran, die mehr Anglerglück hatten und ihre Beute mitten auf dem Felsen verzehrten. Sie dachte wohl, daß sie für ihre Jungen etwas erwischen könnte. Aber nur die stärksten Tiere konnten es wagen, in „aller Öffentlichkeit" zu schmausen, während die schwächeren sich eiligst ins deckende Gebüsch zurückzogen.

Die Bärin traute sich nicht, die starken Bären zu bestehlen. Trotzdem lauerte sie, bis am Ende die schon fast gesättigten Bären die Lachse nur noch wählerisch anknabberten. Die Reste ließen sie achtlos zu Boden fallen. Die Bärin angelte sie vorsichtig zu sich heran und schleppte sie dann eiligst zu ihren Jungen, die gierig darüber herfielen.

Braunbären ernähren sich vor allem von pflanzlichen Stoffen, wie Gras und Wurzeln. Es sind aber Allesfresser. Sie können selbst

Elche, Rentiere und andere große Säugetiere spielend überwältigen. Doch wenige ernähren sich nur von Fleisch.

Als ich im Braunbären-Schutzgebiet am McNeil filmte, führte der staatliche Wildtierschutz ein umfangreiches Forschungsprogramm durch, das meine Freunde, die Zoologen, betreuten. Dazu mußten sie die Tiere mit farbigen Halsbändern markieren. Weil sich das ein Bär aber nicht so ohne weiteres gefallen läßt, hat man sie mit einem Betäubungsgewehr in Schlaf versetzt und dann gleich auch Gewichtskontrollen, Blutproben und andere Untersuchungen vorgenommen.

Für meine Filmarbeit war das alles recht störend. Ich bekam kaum noch ein Tier vor die Kamera, das nicht bunt wie ein Pfingstochse durch die Gegend trabte. Das sah in dieser grandiosen Naturlandschaft doppelt komisch aus. Ich wußte zwar, wie wichtig die wissenschaftlichen Arbeiten für den Tierschutz waren. Aber durch ihre unangenehmen Erfahrungen mit den Menschen waren die Bären hier am McNeil ziemlich scheu geworden. Manchmal griffen sie selbst beim geringsten Anlaß an. Beim An- und Abmarsch mußten Dick und ich uns darum sehr in acht nehmen.

Als ich Jahre später erneut zum McNeil kam, hatte sich das grundlegend geändert. Die Forschungsvorhaben waren abgeschlossen. Die Bären trugen nicht mehr die verunstaltenden Halsbänder und Ohrklips. Sie hatten sich an Menschen gewöhnt, weil inzwischen kleine Besuchergruppen in das Schutzgebiet kamen. Damals liefen sie bei der geringsten Störung davon. Jetzt konnten der Wildwart und ich ganz offen bis auf zwanzig, dreißig Schritt an eine Gruppe von einem Dutzend fischender Bären herangehen. Allerdings kannte der Wildwart die Wechsel ganz genau. Denn die Bären kommen und gehen stets auf denselben Pfaden. Und es ist gewiß nicht ungefährlich, auf einem solchen Wechsel zu stehen, wenn zufällig ein Bär mit seiner Beute ins Gebüsch eilt.

Offensichtlich aber haben die Bären gelernt, daß ihnen die Menschen hier kein Leid mehr antun. Es wird mir unvergeßlich bleiben, wie ganz unvermutet eine Bärenmutter mit ihren Jungen hinter uns aus dem Gesträuch kam und unbekümmert, kaum sechs Schritte von uns entfernt, zum Fluß wanderte. Wir standen still und starr. Meine Blicke folgten ihnen. Ich fühlte mich wie im Paradies.

Nordamerika – Kontinent der Gegensätze

Nordamerika erstreckt sich vom nördlichen Kanada und von Grönland, das geografisch zum amerikanischen Kontinent gehört, bis nach Mittelamerika. Das ist ein Landweg (ohne die nördlichen Inseln) von 7000 km in Nord-Süd-Richtung und von 4600 km in West-Ost-Richtung. Früher hat man Nord- und Südamerika als einen Erdteil betrachtet. Heute sehen wir Nordamerika als eigenen Kontinent an.

Er umfaßt Landschaften mit ewigem Eis ebenso wie tropische Gebiete. Der weitaus größte Teil hat gemäßigtes Klima. Trotzdem sind die Klimaunterschiede und Witterungswechsel extrem groß. Oft dringen aus der Arktis, vom Nordpol her, starke Kaltluftströme ein, die sogenannten Blizzards. Oder aus dem Süden schieben sich schwülwarme Luftmassen vom Golf von Mexiko herauf. So kommt es, daß im nordamerikanischen Binnenland manche Orte im Sommer Höchsttemperaturen bis +40 Grad Celsius und im Winter Tiefsttemperaturen bis −40° C haben.

Diese buntblühende arktische Sommerwiese (*im Bild*) habe ich beim McNeil River in der Tundra fotografiert. Der Sommer ist hier kurz und schön. 6000 km weiter südlich, in Florida, ist es selbst zur „kalten Jahreszeit" mollig warm. Statt Schnee und Eis gibt es dort Regenzeiten, in denen das Wasser sturzbachartig vom Himmel kommt.

Nur einmal machte uns Meister Petz Ärger. Während wir bei den Wasserfällen filmten, erschienen zwei Bären im Lager und untersuchten unsere Zelte. Mit einem Tatzenstreich zerriß einer die Zeltwand und packte meinen Waschzeugbehälter. Er nahm Zahnpaste und Rasiercreme heraus. Als ich zurückkam, lagen beide Tuben entleert am Boden. Wahrscheinlich war das nach den vielen Lachsmahlzeiten für ihn ein Leckerbissen besonderer Art.

Mittlerweile waren die Bären wohlgenährt und wählerisch geworden. Schon längst nahmen sie nicht mehr jeden beliebigen Lachs. Sie konnten sehr wohl zwischen den etwas schmächtigeren Männchen, den „Milchnern", und den laichschweren weiblichen „Rognern" unterscheiden. Jetzt beschränkten sie sich darauf, nur noch Lachsweibchen zu packen. Mit einem Biß öffneten sie den Bauch und lutschten genüßlich den „Kaviar" aus. Den Fischkörper selbst schleuderten sie verächtlich beiseite – Möwen und Seeadlern zum Fraß.

Als wir zum letztenmal die Kamera abbauten und laut singend zum Lager hinabzogen, waren alle Filme belichtet. Der Zug der Lachse war fast vorüber. Die Bären hatten sich eine dicke Fettschicht angefuttert.

Sobald der Schnee die Weiten Alaskas einhüllt, ziehen sich die Braunbären zur Winterruhe zurück. Der Lachsspeck reicht bis zum nächsten Frühjahr, wenn die steigende Sonne und der Hunger sie wieder aus ihrem Unterschlupf hervorlocken.

Alaska, einst die „Wildnis am Ende der Welt" genannt, erlebt heute eine stürmische Entwicklung. Die Bevölkerungszahl wächst rasch. Straßen und Flugplätze erschließen das weite Land. Siedlungen schießen wie Pilze aus dem Boden. Der Braunbär erregt Anstoß. Denn die Leute sagen: „Er ist gefährlich. Wir haben Angst vor ihm, und er reißt unser Vieh." Sie wollen ihn abschießen. Und die Konservenfabrikanten klagen bereits darüber, daß die Bären an manchen Flußläufen Lachse abfischen.

Ich glaube, daß das stark übertrieben ist. Aber der „König der Wildnis" wird selbst hier, in seinen letzten Zufluchtsorten, von der vorrückenden Zivilisation und wachsenden Menschenzahl verdrängt. So war es im vergangenen Jahrhundert auch bei uns. In Mitteleuropa ist der Braunbär verdrängt und ausgerottet worden. Nur in Nord- und Osteuropa fand er Rückzugsgebiete. Die Regierung des alaskischen Bundesstaates hat diese Gefahr zum Glück noch rechtzeitig erkannt. Sie schuf Nationalparks und Schutzgebiete, in die sich Meister Petz retten kann.

Rückkehr ins Tal der Biber

Mitte September kehrte ich ins Blockhaus bei den Biberseen zurück. Georg Theilacker begrüßte mich freudestrahlend. „Das läuft besser", berichtete er, „als wir es uns hatten träumen lassen. Die Biber sind jetzt eifrig mit der Vorsorge für den Winter beschäftigt. Sie kommen bereits bei vollem Sonnenlicht zu ihrem Arbeitsplatz am Hang. Ich habe schon etliche Szenen drehen können."

Der Biber ist reiner Vegetarier. In den Sommermonaten ernährt er sich hauptsächlich von Wasserpflanzen. Wie ich beobachten konnte, scheint er sich besonders gern an den Wurzelstöcken von Seerosen gütlich zu tun. Außerdem nimmt er junge Triebe und Rinde von Weichhölzern, wie Weiden, Pappeln und Espen. Aber auch viele andere Pflanzenarten verschmäht er nicht.

Für die kalte Jahreszeit betreiben diese Nager, die keinen Winterschlaf halten, emsig Vorratswirtschaft. Im Herbst nagen sie von den selbst gefällten Bäumen zwei bis drei Meter lange Zweige ab, die sie in ihrem Bau lagern oder in der Nähe in den Boden des Sees stecken, damit sie besser frisch halten. Wenn später eine Eisdecke den Wasserspiegel verschließt, können sie sich aus ihrer rechtzeitig angelegten Unterwasser-Speisekammer ernähren.

Das hörte ich selbstverständlich gern. Am anderen Tag, der Uhrzeiger ging auf drei Uhr mittags, kamen die ersten Biber aus ihrer Burg. Sie schwammen ans Ufer und eilten über den Berghang zu ihrer Werkstatt hinauf. Wir folgten ihnen mit nur wenigen Metern Abstand. Es sah sehr lustig aus, wie sie eifrig dahinwatschelten und den breiten Schuppenschwanz nachschleiften.

Wir bezogen unseren Ansitz und begannen den lebhaften Handwerksbetrieb zu filmen. Die Biber fällten Bäume, schnitten die Äste ab

und schafften sie zum Seeufer. Von hier aus flößten sie Zweig für Zweig zur Seemitte nahe ihrer Wasserburg, tauchten mit schnellem Kopfsprung in die Tiefe und steckten die Zweige in den Grund. Denn Biber halten keinen Winterschlaf. Wenn das Bergland dicht verschneit und der See zugefroren ist, schwimmen sie unter der Eisdecke zu ihrem „Unterwassergarten", ziehen die eingepflanzten Zweige heraus und bringen sie zur Burg. Das ist vitaminreiche, nahrhafte Kost.

Zwischendurch stillten sie ihren Hunger. Sie setzten sich ins Flachwasser, nahmen kleine saftige Zweige, drehten sie flink zwischen den Fingern und nagten die Rinde ab. Das sah aus, als ob sie Flöte spielten. Sie machten sehr zufriedene Gesichter dabei. Es schien ihnen gut zu schmecken.

Ehe sie wieder an die Arbeit gingen, streiften sie sich mit den Patschhändchen das Wasser aus dem Fell. Ich beobachtete, wie sich das Herr und Frau Biber auch gegenseitig besorgten, was wohl ein Zeichen ihrer Zuneigung war. Fellpflege ist für Wassertiere genauso wichtig wie Gefiederpflege für Vögel. Davon kann das Leben abhängen.

Eines Tages, es ging bereits in den Abend hinein, nahm ich einen der größten dunkelbraunen Nager in den Sucher. Er schien schon recht betagt zu sein; denn seine Fellhaare trugen silbergraue Spitzen. Er tat sich arg schwer, den starken Weidenast vom Zimmerplatz zum See zu schleppen. Aber er ließ nicht ab. Manchmal hielt er an, verschnaufte ein Weilchen und keuchte dann weiter.

Da glitt ein Schatten herbei und kam aus dem Dickicht. Ein Vielfraß sprang den alten Biber an. Als die scharfen Zähne der Felsenkatze zupackten, schrie ihr Opfer vor Schmerz laut auf. Mit nachlassender Kraft wehrte sich der Silberhaarige verzweifelt gegen den gefräßigen Marder – vergebens. Rasch zerrte der Vielfraß seine Beute ins schützende Gebüsch.

Es war Oktober geworden. Die Biber hatten ihre Wintervorräte eingebracht. Jetzt ließ ihr Arbeitseifer merklich nach. Sie saßen tatenlos herum, kamen seltener aus ihrer Burg und hatten keine Lust mehr, sich noch weiter anzustrengen.

„Wir sollten sie mal ein bißchen auf Trab bringen", meinte Georg.

Das schien auch mir angebracht. Noch hatten sich die Biber kaum mit den Arbeiten am

Im Reich von Meister Bockert, dem Biber, habe ich viel Zeit verbracht. Endlich gelang es mir, ihn auch beim Bäumefällen zu filmen. Seine scharfen Nagezähne hobeln den Stamm kegelförmig ab, bis er umknickt. Ich lernte bei der Beobachtung die Tiere bald gut unterscheiden. Ich sah, daß der kanadische Biber einen schmaleren Kopf und ein dunkleres Fell hat als der mehr gelb- bis rostbraune europäische Biber.

Es war manchmal geradezu aufregend und immer wieder spannend, Meister Bockert zu belauern und zu belauschen. Wie oft hat er mich genarrt und überlistet. Da war er offenbar schlauer als ich. Trotzdem sind mir viele schöne Filmszenen gelungen. Besonders hat es mich gefreut, als ich diese Aufnahme (*rechtes Bild*) von einer Bibermutter und ihrem Jungen machen konnte. Ich hatte den Eindruck, daß die Biber ein harmonisches Familienleben führen.

Staudamm beschäftigen müssen. Aber gerade solche Aufnahmen fehlten uns noch.

Im Schweiße unseres Angesichts rissen wir eine Bresche von etwa einem Meter Breite in den Damm. Dann legten wir uns in dem getarnten Ansitz, den wir zwanzig Meter vom Durchbruch entfernt im Dickicht aufgebaut hatten, auf die Lauer.

Das Wasser schoß gurgelnd durch die künstliche Öffnung. Der Wasserspiegel des Sees begann zu steigen. Noch hielten sich die Biber in ihrer Burg auf. Aber nach zwei Stunden kamen sie eilig hervor. Sie hatten bemerkt, daß sie keine Zeit verlieren durften, wenn ihre Wohnräume nicht überflutet werden sollten. Jetzt entfalteten sie regsame Geschäftigkeit. Sie waren so eifrig mit den dringenden Reparaturarbeiten befaßt, daß sie alle Vorsicht vergaßen. Ihre ganze Aufmerksamkeit war auf die gefährliche Bruchstelle gerichtet.

Ich flüsterte Georg zu: „Ein paar Nah- und Großaufnahmen würden sich ganz gut machen. Ob wir uns mal ein bißchen dichter heranwagen?"

Möglichst leise verließen wir unser Versteck, die surrende Filmkamera in der Hand. Langsam gingen wir auf die Reparaturkolonne zu. Wir konnten uns den betriebsamen Bibern bis auf fünf Schritte nähern, ohne daß sie sich von uns erschrecken ließen. Unermüdlich schafften sie Zweige und kleine Stämme heran, die sie auf beiden Seiten des Durchbruchs in die Dammlücke stießen. Dann schnitten sie weiteres Baumaterial auf Maß zurecht und verstopften damit die Zwischenräume.

Der Wasserstrom ließ allmählich nach und floß spärlicher. Jetzt tauchten die Baumeister im Biberpelz auf den Grund des Sees, um Schlamm heraufzuholen. Sie trugen die Schlammbatzen zwischen den Händen und stopften sie in die durchlässigen Stellen. Nach kaum zwei Stunden war der Schaden ausgebessert und der Durchlaß wieder geschlossen. Zufrieden kehrten die fleißigen Dammbauer in ihre gemütliche Wasserburg zurück.

Biber gab es einst in allen wald- und wasserreichen Gebieten der nördlichen Erdkugel, auch bei uns in Mittel- und Nordeuropa. Viele Ortsnamen mit „Biber" zeugen noch davon. Die genialen Baumeister verwandelten reißende Wildbäche und Flüsse in Seenketten. Sie lichteten die Wälder an den Flußläufen und erleichterten damit den Menschen die Besiedelung der Auenlandschaften. Die Biber legten Weideflächen für andere Tiere an und halfen den Fischbestand zu vermehren.

Der Mensch hat sich undankbar erwiesen. Daß die Biber kaum nutzbares Weichholz fällten, war ihm schon zu viel. Und der prächtige Biberpelz war eine kostbare Beute, das Biberfleisch zudem eine nahrhafte Fastenspeise: man erklärte es zum Fischfleisch. So ist dieser Nager in Mitteleuropa bis auf wenige kleine Kolonien ausgerottet worden.

Ehe die Weißen in die nordamerikanische Wildnis vordrangen, lebten dort schätzungsweise um die hundert Millionen Biber. Unter ihnen holten sich jedes Jahr Kojoten, Wölfe, Luchse, Vielfraße und Adler ihre Beute. Das minderte den Bestand der Biber so wenig wie die Beute, die indianische Jäger und Fallensteller machten. Denn sie nahmen nur, was sie

für sich und ihre Familien zum Leben brauchten.

Erst als die weißen Trapper und Pelzhändler das Land durchstreiften, kam der Biber in Gefahr. Denn die wertvollen Felle warfen hohen Gewinn ab. Große Teile Nordamerikas sind auf der Suche nach Biberpelzen erschlossen und besiedelt worden. Im Jahre 1875 brachte allein die *Hudson's Bay Company* eine Viertelmillion Biberfelle auf den Markt. Aber das konnte nicht lange so weitergehen. Bald war bei diesem Raubbau das prachtvolle Nagetier so gut wie ausgerottet. Erst die zu Beginn unseres Jahrhunderts erlassenen strengen Schutzgesetze haben den nordamerikanischen Biber gerettet.

Aufbruch zum Grasfluß der Seminolen

Der Winter fiel rasch und rauh über das Felsengebirge. Als wir gegen Ende unserer Dreharbeiten mit den Bibern eines Morgens vor die Tür der Blockhütte traten, war die Welt weiß geworden. Schwere Schneelasten bogen die Äste und Zweige nieder. Es wurde Zeit, den Rückweg anzutreten.

Die Maultierkolonne schaffte unser Gepäck zu Tal. Wir hatten den Wildschutzbeamten des Nationalparks viel zu verdanken. Wir versprachen den Wardens zurückzukommen: „Nächstes Frühjahr sind wir wieder da."
Charly Fix, unser Buschpilot, flog uns zurück nach Edmonton. Wir wollten den Winter über die südlichen Gegenden der Vereinigten Staaten von Amerika besuchen. Unser Hauptziel waren die Everglades an der Südspitze von Florida.

Das ist eine einzigartige Landschaft, wie ich sie in dieser Art nirgendwo auf der Erde gesehen habe. Am Ende des Nationalparks liegt das Dorf der Seminolen-Indianer vom Stamme der Miccosukee. Sie gaben dieser pfannkuchenplatten Wasserwelt den Namen: *„pa-hay-okee"* – deutsch „Graswasser", englisch *River of Grass*. Grasfluß. Ein immerzu gleitendes Flachwasser. *Everglades* . . .

Es ist kein Gras- oder Weideland, sondern eine feuchtschwüle subtropische Sumpfwildnis. Der größte Teil der Everglades ist mit „Segge" bedeckt, an deren dünnen dreikantigen Blättern ich mich beim Durchwaten und Filmen wiederholt scheußlich verletzt habe. Sie schneiden wie eine scharfe Rasierklinge in die Haut.

Die Everglades: das ist eigentlich ein achtzig Kilometer breiter Fluß, der breiteste und flachste Flußlauf Amerikas. Er bewegt sich in vierundzwanzig Stunden nur etwa sechshundert Meter weiter dem Meer zu. Das Flach-

Bild unten links:
Ein Biber in seinem Wohngewässer. Er ist auf Arbeitstour unterwegs, um den Damm auszubessern, der beim letzten Dauerregen gelitten hat.
Bild unten rechts:
Der Biberdamm – exakt berechnet und handwerklich perfekt. Für mich war die Zeit am kanadischen Bibersee eine der schönsten und auch nachdenklichsten meines Lebens. Ich habe viel von diesem Baumeister im wasserdichten Pelz gelernt. Er ist mir recht ans Herz gewachsen.

Das ist die feuchtschwüle Flachwasserlandschaft der Everglades an der Südspitze von Florida. Aus dem *swamp*, was auf englisch Sumpf heißt, Schwemmland, ragen kleinere und größere Hammocks hervor. Das Wort kommt aus dem Spanischen und bedeutet eigentlich Hängematte. Es ist eine ganz anschauliche Bezeichnung für diese kleinen Inseln. Man könnte tatsächlich manchmal den Eindruck haben, daß sie in diesem Meer von Segge schaukeln, wenn der Wind darüber hinstreicht. Ein paar Bäume. Ein Greifvogel fällt ein. Durch den blauen Himmel zieht ein Schwarm Wasservögel. Auf einem winzigen Hammock eine einsame Palme, durch deren Blattwerk orangegelbes Sonnenlicht schimmert: Abglanz des nahen Tropenmeeres.

wasser ist mit unzähligen Feuchtinseln und kleinen Landbuckeln durchsetzt. Diese *Hammocks* sind von Schilf, Gestrüpp und Urwald überwuchert, mit Dattelpflaumenbäumen, seltenen Feigenarten oder auch nur mit einer einsamen, vom Wind gekrümmten Palme bestanden.

Auf der Karte ist nahe von Everglades City beim Nordwestzipfel der Halbinsel, entlang der Küste des Golfs von Mexiko die Bezeichnung *Ten Thousand Islands* eingetragen: Zehntausend Inseln. Und irgendwo dort gleitet *Lost Man's River:* Fluß des verlorenen, des vermißten Mannes. Es ist eine unheimliche, tückische Wasserwüste.

Früher kamen die Zuflüsse nicht nur von den subtropischen Regenfällen, wie heute noch, sondern vor allem aus dem See Okeechobee, hundert Kilometer im Norden. Im Jahre 1928 brauste einer der hier üblichen Hurrikane vom Karibischen Meer über den See. Der Wirbelsturm war so gewaltig, daß er haushohe Flutwellen über Südflorida warf und eine schreckliche Überschwemmung hervorrief. Zweitausend Menschen ertranken. Daraufhin baute man den Tamiami-Staudamm und ein Netz von Deichen und Schleusen, um bei Mehrwasser oder Dürre den Wasserhaushalt dieser unter Naturschutz gestellten einzigartigen Landschaft zu regeln.

Ich habe selbst erlebt, wie hier der aus der Karibik herbeiwirbelnde Sturm wüten kann, als ich über die Straße der Florida Keys bis zum Endpunkt Key West fuhr: eine 320 km lange Inselkette. Plötzlich, aus heiterem Himmel, türmten sich drohend schwarze Wolken am Horizont auf. Hagelschauer schlugen prasselnd herab. Dann brach ein so verheerender Sturm los, daß ich Angst hatte, samt meinem Auto über die Planke ins brodelnde Meer geworfen zu werden.

Bei unserer Ankunft auf dem Flughafen Miami zeigte das Thermometer dreißig Grad Celsius im Schatten. Und das Anfang Januar! Wir schwitzten schon, als wir unser schweres Handgepäck über das Vorfeld schleppten. Und wir schwitzten noch mehr, als der Zollbeamte unsere Kisten, Kasten und Behälter öffnen ließ. Beim Anblick all der Filmapparaturen, Fotoausrüstungen, Tonaufzeichnungsgeräte und Zubehörteile gruben sich tiefe Runzeln in seine Stirn.

Amerika ist das Land der Freiheit und unbegrenzten Reisemöglichkeiten. Du brauchst, wenn du erst mal die Schranken der Einwanderungs- und Zollbehörden passiert hast, so gut wie nie wieder einen Ausweis oder Nachweis. Aber erst mußt du ja mal reinkommen.

Der Zöllner begann aktiv zu werden. Er nahm jedes Stück in die Hand. „What's that for? Wozu ist das da? Und das? And that? Was ist das wert?" Und so weiter – and so on . . .

Ich zog aus meiner Brieftasche ein Empfehlungsschreiben. Briefkopf: *National Audubon Society.* Mit dem Vermerk: *To whom it may concern.* An jeden, den es betrifft!

Der Präsident dieser in ganz Amerika bekannten und anerkannten naturkundlichen Gesellschaft kannte meine filmbiologischen Arbeiten und meine Bücher. Er war davon so angetan, daß er mich allen amtlichen und nichtamtlichen Stellen des Landes wärmstens ans Herz legte.

Mein Zöllner las es zweimal und dreimal. Dann verschwand er mit einem flüchtigen „Just a moment, please!" hinter einer Tür. Bald darauf erschien er mit seinem Chef, der mich in ein lebhaftes Frage- und Antwortspiel verwickelte. Schließlich sagte er zu seinem Untergebenen: „That's okay, let him go!" Und mir wünschte er ein freundliches „Good luck, Sir!". Viel Glück.

Wir mieteten bei einer der vielen Rent-a-car-Firmen einen geländegängigen Jeep und verluden unser Gepäck. So waren wir für die nächste Zeit unabhängig. Nach zwei Stunden Fahrt erreichten wir Homestead, ein Städtchen am Rande des Everglades-Nationalparks. Wir bezogen Quartier in einem der bequemen Motels. Dann suchten wir in Royal Palms, dem Hauptquartier des Nationalparks, Dr. William B. Robertson auf, Chef des Parks und ein in Amerika sehr bekannter Biologe. Ein erstrangiger Kollege und Fachmann also.

Er kannte meinen Namen und meine Filme. Das machte alles sehr viel einfacher. Wir sprachen über meine Absichten und Vorhaben. Bill Robertson sagte mir jede denkbare Unterstützung zu.

Dann stellte ich die Frage: "Can I speak with Mr. Truslow?" Denn ich wußte, daß Frederick Kent Truslow jedes Jahr hier den Winter verbrachte.

In den USA hat sein Name den Bekanntheitsgrad Nummer eins. Früher war Truslow ein hochverdienender Manager in New York City gewesen – ein mächtiger Boß mit elegantem Wolkenkratzerbüro in Manhattan. Aber mit der Zeit ödete ihn die knallharte Geschäftigkeit im Asphaltdschungel an – die ewige

Wiederkehr von Verkaufen und Geldverdienen, von Konferenzen, Aktenstudium und Geschäftsreisen, von Feilschen um Prozente und Gewinne. Er stieg über Nacht aus und zog sich in die Einsamkeit der Everglades zurück.

Er wurde nicht nur einer der besten Kenner dieser phantastischen Landschaft, sondern startete auch eine zweite Karriere als Naturfotograf. Er wurde Amerikas führender Tierlichtbildner, einer der besten der Welt. Seit vielen Jahren hatte ich seine großartigen Fotoserien bewundert, die er im *National Geographic Magazine* veröffentlichte. Von keinem anderen hatte ich bessere oder gleichwertige Bilddokumente gesehen.

Ich sagte zu Bill Robertson: „Ich möchte Mr. Truslow kennenlernen."

Noch am selben Abend trafen wir zusammen. Auch Fred Truslow hatte von mir gehört und meine Filme gesehen. Bald verband uns eine schöne Freundschaft.

Er kannte die besten Beobachtungsplätze in den Everglades und wurde mir ein hilfreicher, selbstloser Kamerad. Er wußte, wo bestimmte Tierarten in größerer Zahl zu finden waren. Wo ich vor Tau und Tag meinen Ansitz errichten mußte, wenn ich zum Schuß kommen wollte. Und er machte es möglich, daß ich die Brutstätten seltener Vögel besuchen konnte, was sonst streng untersagt war.

„Hier muß man viel Zeit mitbringen, um die Geheimnisse dieser aufregend schönen Landschaft zu entdecken", sagte er. „Aber wer nimmt sich heutzutage noch die Zeit? Die

Nationalparks in den USA und in Kanada

Nationalparks sind Naturschutzgebiete, die der Staat einrichtet und verwaltet. Für den Fremdenverkehr dürfen sie nur in einem begrenzten Umfang benutzt werden.

Ihre Hauptaufgabe ist es, eigentümliche und bedrohte Landschaften, ihre Tier- und Pflanzenwelt für die Zukunft zu erhalten. Dazu zählen Wälder, Wüsten und Gletscher, Vulkanlandschaften und Küstengebiete mit den angrenzenden Meeren, aber auch Gebiete mit besonders eindrucksvollen Felsformationen oder historische Stätten mit ihrer Umgebung, zum Beispiel alte Forts. In den amerikanischen Nationalparks leben und vermehren sich viele Tier- und Pflanzenarten, die noch vor Jahren vom Aussterben bedroht waren. Die Besucher sollen diesen Reichtum der Natur erleben können, aber immer daran denken, keinen Schaden anzurichten.

Das *Bild links* zeigt eine Beobachterplattform im Everglades Nationalpark, Florida. In vielen Nationalparks sind Erholungs- und Übernachtungseinrichtungen geschaffen worden: Motels (*siehe zweites Bild*), Restaurants und Coffeeshops, Läden für Lebensmittel, Ausrüstungen und Souvenirs, Tankstellen und Bootsverleihe, Camping- und Picknickplätze. Ebenso gibt es Museen, Besucherzentren und Informationshäuser mit regelmäßigen Ausstellungen.

Führungen, Broschüren, Filmvorführungen und andere Angebote bringen den Touristen die Besonderheiten dieser Landschaft nahe. Die Parkwärter und Wildhüter sorgen für Ordnung und hegen und pflegen Tiere und Pflanzen.

meisten Besucher fahren mit dem Auto durch den Park, machen da und dort rasch mal einen Abstecher über die Holzstege der Beobachtungspunkte: den Anhinga Trail, den Pinelands Trail, den Pa-hay-okee Overlook, den Mahogany Hammock und die anderen Plätze. Und dann weiter nach Flamingo zum Hotel oder dem Campingplatz, dem Restaurant oder Coffee Shop und was sonst noch alles zu einem amerikanischen Nationalpark gehört. Und viele Touristen, auch aus Europa, sehen nicht mal das! Sie kommen auf dem Flughafen von Miami an, werden mit dem Bus nach Miami Beach rausgeschippert, lassen sich drei Wochen am Strand braunbrennen und fliegen wieder heim, ohne je den Fuß in die Everglades gesetzt zu haben. Und doch ist das eine der aufregendsten Landschaften der Erde, die man entdecken kann, wenn man nur Zeit, Geduld und Interesse mitbringt, sich auf sie einzustellen und sie zu erleben."

Zeit, viel, viel Zeit und Geduld: das sind die Tugenden des Naturbeobachters! Ich habe sie seit Jahrzehnten geübt. Fred Truslow ist einer ihrer großen Meister. Ich war oft mit ihm in dieser stillen, manchmal unheimlichen Sumpflandschaft unterwegs. Er konnte tagelang an einem Platz ausharren, nur um ein einziges Vogelfoto zu machen. Es gab Tage, da lagen wir nebeneinander auf der Lauer und wechselten von früh bis abends keine drei Worte miteinander: nur mal ein leises Räuspern, ein Augenaufschlag, eine sparsame Handbewegung. Aber nur so wird dir das Geheimnis der Natur enträtselt. Du mußt still sein können. Und du mußt warten können.

Der Everglades-Nationalpark wurde 1947 errichtet, um diese einzigartige Landschaft für die Zukunft zu erhalten. Früher kam das meiste Wasser aus dem 100 km nördlich gelegenen Okeechobee-See und von den subtropischen Regenfällen, die hier mit Urgewalt vom Himmel stürzen. Manchmal wirft auch ein Hurrikan von der Karibischen See hohe Flutwellen über Florida. In anderen Jahren suchen Dürrekatastrophen das Land heim. Da genügt eine unachtsam weggeworfene Zigarette, um den schilfartigen Seggeteppich in Brand zu setzen.

Nach dem schrecklichen Hurrikan von 1928 ist der Tamiami-Staudamm (*Bild unten*) mit einem ausgedehnten System von Deichen und Schleusen gebaut worden. Sie regulieren bei Hochwasser oder Trockenheit den Wasserhaushalt der Everglades und erleichtern die Landwirtschaft im Norden des Parks. Die sich selbst regulierende natürliche Wasserlandschaft, wie die Seminolen und die ersten weißen Entdecker sie kannten, gibt es nicht mehr.

Ein (fast verlorenes) Naturparadies

Das Ungewöhnliche, ja geradezu Aufregende dieser Landschaft steckt in ihrer Unscheinbarkeit.

Als ich mit Bill Robertson von Homestead durch den südöstlichen Teil des Parks nach der Flamingo-Station fuhr, nahe dem Ostkap von Florida, führte die Teerstraße über einen kleinen Kalksteinbuckel. Das Auto machte kaum einen Hopser. Einige Besucher hielten mit ihren Straßenkreuzern. Sie fanden sehr komisch, was da auf einem Schild zu lesen stand: *Rock Reef Pass – Höhe 3,1 Fuß ü.d.M.* Ein „Paß" also, nicht mal einen Meter hoch. Wo es doch in Amerika Gebirgspässe mit Fahrstraßen gibt, die über fünftausend Meter Seehöhe hinausgehen! Was soll dieser „Muckelpaß" also?

Hier steckt das Geheimnis der Everglades: Wo in anderen Landschaften Tausende von Metern Höhenunterschied ein ganz anderes Tier- und Pflanzenleben schaffen, wird das hier durch nur wenige Zentimeter bewirkt.

„Darum", meinte Bill Robertson, „gibt es in Amerika, ja in der ganzen Welt keinen anderen Nationalpark, den man den Besuchern so gut erklären muß wie diesen. Sonst begreifen sie gar nicht, was für ein großartiges Naturschauspiel das ist."

Das reicht bis zu dem üppig wuchernden Mangrovendschungel an der Küste. Wo die Arme des Shark River in den Golf von Mexiko münden, dehnt sich der wohl größte Mangrovenwald der Welt. Mangroven sind Bäume, die fast nur im Brackwasser gedeihen können, dem Mischwassergebiet von Süß- und Salzwasser. In diesem Gewirr hoher Stelzwurzeln und

Im Vogelparadies der Everglades sind allein zehn verschiedene Reiherarten heimisch: neben dem Amerikanischen Graureiher (Great Blue Heron) der fast ebenso große, besonders prächtige weiße Silberreiher (mit gelbem Schnabel) und der Schmuckreiher (mit weißem Schnabel), in Amerika Snowy Egret genannt, also schneeweißer Reiher. Auch der krähengroße Grünreiher, der Nachtreiher und der schon einmal als ausgestorben gemeldete Rotreiher sind hier vertreten.

Astgeflechte horsten auch die meisten Wasservögel. Pflanzen und Tiere der höhergelegenen wie der überschwemmten Flächen, die Hammocks, das Schilfgras, die Mangrovensümpfe: alles hängt von ein paar Zentimetern höherem oder niedrigerem Wasserstand ab. Es ist immer im Fluß. Das bedeutet es, was man *Everglades* nennt. Pa-hay-okee. Eine fast unmerklich strömende, von der subtropischen Sonne aufgeheizte Flachsee.

Und hier kannst du auch das fortwährende, unerschöpfliche Wunder von Lebenserneuerung erleben. Zu Beginn der Regenzeit – im Mai, Juni – kommen fast über Nacht unübersehbare Scharen blutgieriger Moskitos hervor. Das ist wie eine biblische Plage. Ich hatte das bei den Vorbereitungen meiner Filmarbeiten erlebt, als ich ein Zimmer im Flamingo-Motel bezog, und da war es immerhin schon Oktober. Ich hatte, ganz in Gedanken, die Tür mit dem Fliegengitter offengelassen und das Licht angeknipst. Nachts sind Stechmückengeschwader über mich hergefallen. Ich war voller Pickel wie ein Streuselkuchen.

Wenn dann im Juni, Juli die Frühsommerüberschwemmung einsetzt, ist das wie eine Explosion – als ob der liebe Gott noch einmal die Schöpfungstage wiederholen wollte. Es fängt am „unteren Ende der Nahrungskette" an und entwickelt sich rasch nach oben. Da sprießen zuerst die Milliarden Kleinlebewesen wie Süßwasserplankton, Flußkrebslarven und Kaulquappen. Sie bilden eine unvorstellbare Menge eiweißreicher Kraftnahrung, von der die größeren Fische leben. Man kann fast zuschauen, wie sie davon größer und stärker werden. Dann kommt allmählich im November, Dezember das Ende der Regenzeit. Jetzt hat sich diese „Biomasse" als Nahrungsvorrat da angesammelt, wo der Wasserstand am niedrigsten ist. Und dorthin setzen sich jetzt Zehntausende von Vögeln in Marsch, vor allem Sumpf- und Wattvögel. Es ist eine unübersehbare Fülle schönster Vögel, die jetzt das südliche Florida bevölkern.

„Denk aber nicht", sagte Fred Truslow zu mir, „daß sie dir so einfach vor die Kamera laufen! Du mußt sie suchen. Denn sie sind immer gerade dort, wo sie die beste Nahrung finden. Du kommst an ein Sumpfloch, und dir gehen die Augen über, was du da siehst an verschiedenen Vogelarten in ungeheurer Zahl. Am nächsten Tag aber findest du vielleicht nur noch ein paar Reiher, die den kümmerlichen Rest von Nahrung ausputzen."

Ich war im „Winter" gekommen. Denn jetzt konnte ich das Vogelleben in seiner ganzen Fülle und Schönheit filmen. Der größte Teil des Wassers war ins Tropenmeer abgeflossen. Unübersehbar glitzerten im Sonnenlicht die Tümpel, Teiche und Wasserlachen. Es ist die Zeit, in der die meisten Vögel ihre Jungen aufziehen. Denn die Beutetiere haben sich in den kleinen Gewässern versammelt. Da ist es leicht für sie, ausreichend Nahrung zu finden.

Ich habe in den Everglades ungeheuer schöne und zahlreiche Vogelarten erlebt. Leider ist es nur der armselige Rest von dem, was hier einst daheim war. Die Indianer gingen auf Vogeljagd, um das Fleisch, die Eier und die Schmuckfedern für den Eigengebrauch zu erbeuten. Auch Naturkatastrophen, Raubtiere und Krankheiten räumten einen Teil des Bestandes ab. Aber es gab keinen Raubbau. Selbst von schlimmen Dürrekatastrophen, Feuersbrünsten, Hurrikanen und sintflutartigen Hochwassern konnte sich die Natur bald wieder erholen. Die Tier- und Pflanzenwelt blieb im Gleichgewicht. So fanden die ersten weißen Entdecker ein Paradies vor, einen scheinbar unerschöpflichen Garten Eden.

Im Jahre 1774 berichtete ein Mann namens William Bartram, der die Everglades besuchte: „Es war fast unmöglich, an Schlaf zu denken, weil die Vögel hier Tag und Nacht ununterbrochen lärmten.“ Der berühmte Ornithologe und Vogelzeichner John James Audubon, nach dem sich jene naturkundliche Gesellschaft den Namen gab, die auch die Everglades vor der Zerstörung sicherte, schrieb auf Sandy Keys, „daß Wolken von Vögeln, die die von Muscheln übersäten Strände bedeckten oder über unseren Köpfen schwebten, uns so verblüfften, daß wir anfangs unseren Augen nicht trauten“.

Und der Fährtensucher Charles William Pierce, der im 19. Jahrhundert den französischen Federsammler Chevalier begleitete, beschrieb in seinem Tagebuch ihre denkwürdige Reise durch die Everglades. Einige der Nistplätze nannte er „die größten, die ich je sah. Als wir dort entlanggingen, flogen die Vögel auf, alle Arten durcheinander. Mr. Chevalier richtete sein Gewehr zuerst dahin, dann dorthin. Schließlich setzte er die Flinte ab und sagte: ‚Mein Gott, sind das in diesem Land viele Vögel. Da kann ich einfach nicht schießen.‘“

Chevalier bekam für einen großen Weißreiher zehn Doller, für einen Flamingo fünfundzwanzig Cents. Ein damals sehr bekannter „Federnjäger“ namens Batty schickte eine Jagdkolonne von sechzig Männern in die Everglades, um Vögel zu schießen und ihre Schmuckfedern zu erbeuten. Denn die Damen von Welt hatten entdeckt, wie schick und fein es aussah, am Hut eine Vogelfeder zu tragen. Das hätte fast dieses einzigartige Vogelparadies zerstört.

Glücklicherweise schritt die amerikanische Regierung ein. Sie erklärte den größten Teil der Everglades zum Nationalpark, rund sechstausend Quadratkilometer. Es gibt strenge Schutzauflagen. Es darf nicht gebaut, gejagt, gelärmt werden.

Ich hörte, daß noch in unserem Jahrhundert die Absicht bestand, größere Sumpfgebiete trockenzulegen und mit Wohnungen, Hotels und allen möglichen „Freizeiteinrichtungen“ zu bebauen. Immer wieder gibt es Geschäftemacher, die versuchen, Politiker für ihre zwielichtigen Pläne zu gewinnen. Damit würde eine unersetzliche, fast einmalige Naturlandschaft mit vielen seltenen Pflanzen und Tieren vernichtet.

Bisher konnte das verhindert werden – vor allem durch den Widerstand vieler einsichtiger

Diese Luftaufnahme, die ich beim Flug über die Everglades gemacht habe, gibt einen schönen Eindruck vom „Grasfluß“ der Seminolen. Manche Leute finden diese Flachwasserlandschaft uninteressant. Für mich ist sie aufregend, schon weil man an nicht vielen Plätzen der Welt das Vogelleben so gut beobachten kann wie hier. Übrigens sind die Everglades von der Fläche her einer der größten Nationalparks der Vereinigten Staaten von Amerika.

Privatleute, Wissenschaftler, Bürgerinitiativen und naturkundlicher Gesellschaften, nicht zuletzt der *Audubon Society*. Denn es ist sehr wichtig, auch genug „Wildnis“ wuchern zu lassen. Da haben *alle* Pflanzen und Tiere ein Lebens- und Überlebensrecht – auch die sogenannten Schädlinge, Unkräuter und scheinbar unnützen Arten. Aber auch sie gehören ja zu den Lebensreserven, ohne die es auf der Erde keine Zukunft gibt – am wenigsten für uns Menschen.

Zwischendurch fuhr ich von Homestead auf der Straße nach Norden und dann auf der Höhe von Miami nach Westen am Parkeingang des Shark Valley vorüber – auf dem Tamiami Trail an dem breiten Kanal entlang, der zur Bewässerungsanlage der Everglades gehört.

Mit solchen Propellerbooten kann der Tourist über die Flachwassersümpfe der Everglades fahren. Der Tiefgang der Boote ist gering, und die Luftschraube wirbelt das Wasser nicht auf. Sie macht aber großen Lärm. Darum sind solche Airboats im Bereich des Nationalparks verboten.

Eine Zeitlang stand ich am Kanalufer und beobachtete einen *Kingfisher*. Der große Eisvogel saß auf einem Ast, etliche Meter überm Wasserspiegel, und lauerte auf Fische. Er hatte Pech. Ich fuhr weiter, besuchte entlang dem Kanal- und Sumpfverlauf ein Seminolendorf sowie einige ihrer kleineren Ansiedlungen, Camps und Souvenir Shops, wo sie an die Touristen kunsthandwerkliche Gegenstände und alle möglichen Andenken verkaufen.

Der Stammesname *Sim-in-oli* bedeutet soviel wie wild oder flüchtig, auch barbarisch oder unzivilisiert. Er bezeichnete jene Teile der indianischen Creek-Familie, die sich nach dem amerikanischen Südosten zurückzogen. Die Seminolen nahmen Anfang des 19. Jahrhunderts auch viele entlaufene Negersklaven der Südstaaten in ihren Stamm auf.

Sie waren anders als die anderen Indianer. Sie trugen keinen Kriegsschmuck, sondern waren auf dem Kopf glatt rasiert und ließen nur eine Skalplocke stehen. Sie betrieben Akkerbau, nebenbei Jagd und Fischfang. In der ersten Hälfte des vergangenen Jahrhunderts führten sie einige erbitterte Kriege gegen amerikanische Truppen, weil sie sich nicht von ihrem Land vertreiben lassen wollten. Was nach diesen Kriegen von den Seminolen übrigblieb, hat man zwangsweise nach Oklahoma umgesiedelt – bis auf einen kleineren Rest, der in Florida zurückblieb. Die heutigen Indianer der Sumpflandschaften von Florida sind ihre Nachkommen.

Einer der Jobs hier, mit denen einige Seminolen ganz gut verdienen, ist das Propellerbootfahren durch die Sumpflandschaft außerhalb des Nationalparks. Ich mietete ein Airboat von Raphael, einem älteren Indianer, der mich mit dem Tempo eines Polizeibootes durchs Flachwasser kutschierte. Er trug Galoschen, eine grellbunte Jacke und einen breitkrempigen, nach oben umgeschlagenen „Zehn-Gallonen-Hut“.

Ich saß auf der hochgebockten Bank wie auf einem Thron. Es ist ein eigenartiges Gefühl, durch diese platte Sumpfebene zu flitzen: immer wieder kleinere Bauminseln, Schilfwälder, Wassergassen, Untiefen. Scharen kreischender Wasservögel kurvten umher. Hoch über uns zog ein Weißkopfseeadler dahin. Eine Weile beugte ich mich nach unten und versuchte Fische zu beobachten.

Auf einer kleinen Insel, die wir anfuhren, standen ein paar Seminolenhütten. Einige Frauen und Mädchen nähten Bekleidungsstücke, machten Schmuck und stickten Dekken, die sie an die Touristen verkaufen. Ich erstand ein paar Kleinigkeiten: ein typisches Seminolenkanu, das sie Dugout nennen, in Spielzeuggröße, einen geschnitzten Tomahawk und einen bemalten Tontopf. Eine Weile stand ich an dem Teich und schaute den Alligatoren zu, die sie hier wie „Haustiere“ hielten.

Auf dem Rückweg beobachteten wir Weiße Ibisse und verschiedene Reiherarten. Auch Scharen von Wasserhühnern. Ein Ochsenfrosch hockte auf einer winzigen Sumpfinsel, in der Nähe schlängelte eine Wasserschlange vorüber. Ich bat Raphael, langsamer zu fahren. Hier gab es Schnappschildkröten. Eine

Weichschildkröte lauerte im Schlamm auf Fische.

Die Sonne hing tief überm westlichen Wasser. Sie überzog den Sumpf mit einem wunderschönen Abendrot. Rasch fielen lange Schatten. Raphael und ich sprachen über die Tiere in diesem Land. Er interessierte sich dafür. Er hatte selbst schon in den Wäldern der Everglades Panther gesehen, auch Luchse, Graufüchse und Schwarzbären. Gelegentlich erbeutete er ein Opossum. Meist aber, so sagte er, wollte er nur beobachten. Er schoß höchstens mal einen Truthahn. Er hatte am Anfang der Keys einen Freund, mit dem er dort in den Wäldern auf Truthahnjagd ging. Aber lieber waren ihm die Beobachtungen in den „Swamps", den Sümpfen, meinte er.

„Was halten Sie davon", fragte ich ihn, „daß man den größten Teil der Everglades unter Schutz gestellt hat?"

Einen Augenblick verfinsterte sich sein Blick. „Erst vor ein paar Jahren haben sie unserem Volk ein Stück Land weggenommen, um es zu Parkland zu machen."

„Sie sind also gegen den Nationalpark?"

„Ich bin nicht dagegen. Sie haben uns Ersatzland gegeben. Und wir verdienen an den Parkbesuchern ganz gut. Wir Indianer haben unser Land nie so zerstört, wie es die Weißen machen. Darum müssen sie solche Schutzgebiete schaffen. Es gibt noch viel zu wenige davon."

Als wir durch die Schilfgassen zu dem Anlegeplatz am Kanal zurückkehrten, fiel die Dunkelheit über die Swamps. Nachdem ich mich von Raphael verabschiedet hatte, saß ich noch lange am Ufer und lauschte. Unter mir glukkerte der Sumpf. Von weit her dröhnten die Brunftschreie der Alligatoren – der Nachtgesang der Everglades.

Hier trabt ein Kojote (englisch: coyote) durch die Landschaft. Man nennt ihn auch Präriewolf oder Heulwolf. Kojoten sind echte Wölfe. Ihr Verbreitungsgebiet ist Nordamerika: vom mittelamerikanischen Costa Rica und Mexiko bis hinauf nach Kanada. Ich bin dem Kojoten an verschiedenen Orten begegnet. Am ehesten trifft man ihn in der Abenddämmerung, wenn er Säugetiere, Fische und Krebse jagt. Er nimmt auch Aas, falls es noch nicht stinkt. Dem Menschen weicht der Kojote scheu aus.

Durch den Mangrovendschungel

Wir hatten Januar. Im Winter fließt der größte Teil des in der Regenzeit sintflutartig herabgeströmten Wassers ins südliche Tropenmeer ab. Was zurückbleibt, sammelt sich in den Bodensenken und Tümpeln. Sie sind mit Beutetieren überfüllt. In diesen Monaten ziehen darum die Vögel ihre Jungen auf, weil sie keine Mühe haben, nahrhaftes Futter zu finden. Manchmal bringt ein Jahr nur geringe Niederschläge. Dann trocknen sogar die Tümpel und Bäche aus. Die Nahrung wird knapp. Dann brüten nur wenige Reiher und Störche.

Wir hatten Glück in diesem Januar. Die Wasserverhältnisse waren günstig, die Brutkolonien der Vögel reich besetzt.

Auf der Flamingo-Außenstation des Parks freundete ich mich mit Vincent an. Er war für die Kontrolle und Sicherheit der Brutvogelplätze verantwortlich – ein erfahrener Ornithologe, der seit vielen Jahren hier arbeitete. Wir hatten bereits mehrere Fahrten durch die Mangrovenwildnis, die unzähligen Wasserläufe, Seen und Sumpfbuchten miteinander gemacht.

Abseits, in unberührter Einsamkeit, lagen die verborgenen Nistgebiete der Waldibisse.

Der Braune Meerespelikan nistet gern in großen Kolonien auf Mangrovenbäumen nahe dem Meer. Während alle übrigen Pelikanarten wie „Treibjäger" in Gruppen fischen, sind die Meerespelikane Einzeljäger – wahre Meister im Stoßtauchen. Ich habe sie immer wieder voller Begeisterung beobachtet: wie da einer überm Wasser – manchmal nur drei, vier Meter, dann wieder zehn, fünfzehn Meter hoch – in der Luft steht und plötzlich herabstößt, den langen Schnabel und Hals vorgereckt ... fast senkrecht stürzend wie ein fallender Pfeil das eine Mal oder mehr schräg in enger Windung ein anderes Mal.

Das sind die einzigen in Amerika brütenden Störche. Mit ihren nackten Köpfen und gebogenen Schnäbeln sehen sie dem *Heiligen Ibis* der Ägypter sehr ähnlich. Daher haben sie ihren irreführenden Namen.

Vincent hütete die Brutkolonie dieser ebenso seltenen wie scheuen Storchvögel als einen kostbaren Besitz. Das schien auch nötig. Die Parkverwaltung war darauf bedacht, nicht durch lautstarke Bootstouristen die Tiere zu verschrecken. Darum war der Nistraum zum Sperrgebiet erklärt worden. Ich hatte die Ausnahmegenehmigung, dort zu filmen. Aber ich mußte warten, bis die Jungen so weit herangewachsen waren, daß mögliche Störungen ihnen nicht mehr schaden konnten.

Eines Morgens, in aller Herrgottsfrühe, klopfte Vincent an meine Tür: „Get up, Heinz! Haben Sie Lust, mit raus zu den Waldibissen zu fahren?"

Ich war sofort hell wach. Und *ob* ich Lust hatte! „Bin in zehn Minuten da", antwortete ich, machte „Schnellwäsche", schnappte meine Apparaturen und verzehrte bei Vincent ein eiliges Frühstück. Eine halbe Stunde später glitten wir mit dem kleinen flachen Kontrollboot durch den Graswasserstrom.

Wir hatten einen besonders günstigen Tag erwischt. Hinter uns überm Atlantik stieg eben die Sonne empor. Der Himmel war wolkenlos, die Luft beinahe windstill. Das versprach nicht allzu drückende Hitze. Ich baute meine Kamera aufs Stativ und richtete sie ein. Mit seinem flachen Boden lag unser Schiffchen wie ein Waschbrett auf dem spiegelglatten Wasser. Das war ein Glücksfall für mich. Wie oft hatte bei anderen Gelegenheiten mein Boot beim Filmen so verrückt auf den Wellen getanzt, daß kaum ein paar einigermaßen unverwackelte Aufnahmen zu machen waren.

Heute war ich guter Dinge. Ich ließ mich, so hoffte ich, interessanten Erlebnissen entgegentragen.

Zielsicher steuerte Vincent unser Gefährt durch das Labyrinth der Schilfstraßen, um Inselchen und Wurzelgeflechte der Mangrovenwälder herum. Er kannte hier jeden Baum, jede Biegung und jede Bucht. Immer tiefer drangen wir ins Gewirr des Wasserdschungels ein. Und immer reicher und phantastischer öffnete sich unseren Blicken das heimliche Vogelleben. Da saßen rosarote Löffler auf den Ästen. Grau- und Silberreiher flatterten auf. Seiden- und Grünreiher staksten auf Nahrungssuche umher. In Keilformation zogen große Trupps Brauner Meerespelikane vorüber, um sich irgendwo als Sturztaucher Fischnahrung zu holen. Wunderbar leicht, wie ein Zauberwesen, schwebte eine Schwalbenschwanzweihe durch den blauen Himmel.

Als Vincent das Boot in einer engen Kurve um einen ins Fahrwaser ragenden, weitausladenden Mangrovenbaum steuerte, schlug dicht vor uns eine mächtige Flosse das trübweiße Wasser. Ich sah ein seehundförmiges Wesen überstürzt flüchten. Es entzog sich rasch unseren Blicken.

„Eine Seekuh", sagte Vincent. „Wir haben sie bei ihrer Mahlzeit aufgeschreckt."

Diese *Sirenen* sind sehr eigenartige Geschöpfe: dick, walzenförmig, fast nackthäutig, bis vier Meter lang – reine Pflanzenesser. Sie sind nahe mit unseren Huftieren verwandt, vor allem mit den Elefanten. Ihre Vorderbeine sind zu Flossen umgeformt, und am Körperende tragen sie eine flache, fast kreisrunde Ruderflosse. Darum heißen diese amerikanischen Seekühe auch „Rundschwanzseekühe".

Ich hatte das Glück, einen Trupp dieser phantastischen Meeressäuger zu beobachten. Wie sie sich gesellig miteinander vergnügten, hatte es fast etwas Menschenähnliches an sich. Ich mußte an die Berichte alter Seefahrer denken, die erlebt hatten, wie plötzlich weit entfernt im Meer Seekühe auftauchten und die Matrosen zuerst meinten, das seien badende Menschen. Es sind recht plumpe Gestalten, und doch zeigt ihr Benehmen etwas Menschliches.

So mögen die Sagen über „Seejungfrauen" und „Meermenschen" aufgekommen sein. Als Junge hatte ich begeistert die Abenteuer des Königs Odysseus von Ithaka gelesen, die der griechische Dichter Homer beschrieb. Auf einer Insel im Mittelmeer sollen Sirenen in Gestalt wunderschöner Jungfrauen gelebt und vorbeifahrende Seeleute mit ihrem bezaubernden Gesang angelockt haben. Jeder aber, der sich ihnen näherte und die Insel betrat, mußte sterben. Odysseus, von der Zauberin Kirke gewarnt, wollte den Gesang hören und ließ sich von seinen Matrosen am Mast festbinden; seinen Kameraden verstopfte er die Ohren mit Wachs, damit sie nicht in Versuchung kämen. So widerstand er dem Zauber der Sirenen und konnte sich und sein Schiff retten.

Ich hatte Seekühe bereits in einem Wasserzoo von Florida gesehen. Und ein Bekannter führte mich mitten in Miami auf eine Brücke. Er sagte: „Wenn du viel Glück hast, und Geduld, wirst du etwas Interessantes sehen."

Geduld hatte ich immer, wenn es darauf ankam. Das gehört zu meinem Beruf. Aber ich hatte auch Glück. Ich lehnte mich übers Geländer und schaute ins lehmtrübe Wasser. Eine halbe Stunde verging, und noch eine. Da sah ich ein Stück stromab die Schnauzen von zwei Seekühen auftauchen und nach Luft schnappen. Sie hoben die Köpfe und schauten neugierig umher, auch zu den Leuten herauf, die wie ich auf der Brücke standen, um auf „Sirenen" zu lauern. Die meisten haben sie nicht gesehen. Die Seekühe pumpten ihre Lungen mit Sauerstoff voll und verschwanden dann wieder.

Wenn sich Seekühe im Wasser tummeln, miteinander verständigen, die Köpfe zusammenstecken, oder wenn eine Seekuhmutter ihr Junges zärtlich an die Brüste drückt: Das ist so

Das war eine flüchtige, spukhafte Begegnung auf der Fahrt zum Nistgebiet der Waldibisse: Plötzlich tauchten vor unserem Boot zwei Seekühe auf. Ich konnte sie filmen und noch rasch ein Foto machen, ehe sie wieder verschwanden.

graziös und ansprechend, daß man nicht mehr begreifen will, warum solche Geschöpfe als „Bestien" oder „Ungeheuer" gelten. Doch wohl nur, weil man sich nicht die Mühe macht, sie verstehen zu lernen. Da sie uns fremd sind, kommen sie uns nicht geheuer vor – oder ungeheuerlich.

Damals dachte ich: Man müßte den Menschen, vor allem den jungen Menschen, viel mehr vom Leben unverstandener Tiere erzählen. Dann würde es mehr Widerstand dagegen geben, sie aus ihren Lebensräumen zu vertreiben oder auszurotten!

Ich weiß aus lebenslanger Beobachtung, daß auch Tiere Gefühle haben. Daß sie fröhlich und traurig sein können, daß sie Wohlsein und Schmerz spüren können. Man muß nur mal gehört haben, wie ein Tier in schrecklicher Angst schreit, auch wenn's „nur" ein Vogel oder „nur" eine Maus ist! Da wird einem ganz anders zumute.

Nicht nur wir Menschen können empfinden. Nicht nur wir Menschen haben Verstand. Auch viele Tiere sind solche fühlenden und verständigen Wesen – eben nur anders, auf ihre Weise.

Es sind manchmal gerade die Eindrücke im Vorübergleiten, die das Gedächtnis lange behält: dieser Reiher zum Beispiel, den ich irgendwo im Mangrovensumpf knipste. Ich hatte ihn eine ganze Weile beobachtet. Nachdem ich auf den Auslöser gedrückt hatte, erhob er sich und flog davon.

Im Nistgebiet der Waldibisse

Die Kanäle wurden immer enger und immer flacher. Es gab kaum noch ein Durchkommen. Ich war mit Vincent vollauf beschäftigt, die dichten Schleppen und Gardinen der Zweige beiseite zu schieben.

Dann erreichten wir das Schutzgebiet der Waldstörche. Ein Schlagbaum versperrte die Zufahrt. Vincent öffnete das Sicherheitsschloß. Wir glitten tiefer in die menschenferne Einsamkeit des Sumpfwaldes. Das Lärmen der Vögel schlug uns entgegen.

Wir näherten uns einem Holzsteg und legten an. „Die Nistinsel der Waldibisse", sagte Vincent.

Er half mir, Kamera, Stativ und Tonbandgerät samt Zubehör an Land zu schaffen. Das Ufer war dicht bewachsen. Wir bewegten uns langsam und lautlos durchs Gestrüpp. Der Lärm hörte sich so an, als ob es unter den Storchfamilien Streit gegeben hätte.

Bald erreichten wir einen etwa fünf Meter hohen Beobachtungsturm, der gerade Platz genug für zwei Personen bot. Wir hatten hier hundert Meter im Umkreis einen freien Blick über die Nester ungezählter Störche und anderer Wasservögel. Tausende von Brutpaaren waren da versammelt, dicht an dicht die Nester aufs Gestrüpp gebaut.

Für den oberflächlichen Beobachter scheint sich hier in den Everglades alles zu wiederholen. Und doch sieht es immer wieder anders aus. Das hängt auch von der Tageszeit und den Lichtverhältnissen ab. Und von der Stimmung.

Leise blubbert das Sumpfwasser. Dann schickt plötzlich aus dem Dickicht eine Rohrdommel ihr dumpfes „Bub-bub", fast wie ein Kuckucksruf. Mit rauschendem Flügelschlag ziehen ein paar Wildenten vorüber. Ein Graureiher ruft sein heiseres „Kräkh".

Durchs Fernglas entdecke ich weit entfernt auf einem Baum einen Trupp schwarzer Rabengeier, die auf Beute lauern. Dicht neben mir platscht es im Wasser: eine Schnappschildkröte zieht sich in ihr nasses Element zurück. Einen Augenblick schaut sie mich verwundert an, ehe sie auf den Grund hinabtaucht, um dort auf Jagd zu gehen. Diese Wasserwildnis steckt voller Geheimnisse.

Einst, ehe weiße Jäger die Vögel zu Hunderttausenden abknallten, um ihnen die Schmuckfedern auszureißen, muß das hier ein unvorstellbares Erlebnis gewesen sein: Millionen und Abermillionen Wasservögel aller Arten und Farben. Unsere Phantasie wird nicht ausreichen, sich das Starten und Landen, das Kommen und Gehen, das Wogen und Lärmen unübersehbar großer Schwärme vorzustellen.

Aber auch heute ist das alles noch ungeheuer eindrucksvoll. Besonders erfreut hat mich der Besuch der Waldibisse in ihrem abgelegenen Mangrovenreich. Diese amerikanischen Waldstörche haben ihre Nistgebiete von South Carolina (USA) (nördliche Verbreitungsgrenze) bis nach Argentinien. Ich hatte schon vor Jahrzehnten einen FWU-Unterrichtsfilm über unseren Hausstorch gedreht und mich mit dem Leben von Freund Adebar lange beschäftigt. Auch unseren vom Aussterben bedrohten Waldstorch hatte ich längere Zeit beobachtet und gefilmt. Jetzt bot sich mir die seltene Gelegenheit, Nistszenen von dem ibisähnlichen amerikanischen Waldstorch zu drehen. Für mich war das eine Aufgabe ganz besonderer Art.

Wir blieben mehrere Stunden hier. Ich machte etliche Aufnahmen. Dann wollten wir es wagen, die Storchenkolonie mit dem Boot anzufahren. „Sie sind als Waldstörche keine Menschen gewöhnt", sagte Vincent. „Sollte es Unruhe geben, kehren wir sofort um."

Wir ließen uns Zeit. Mit zwei Stangen schoben wir unser Boot meterweise an die Nester heran. Dann lagen wir stundenlang still. Ich konnte die schönsten Aufnahmen drehen. Da kreisten mehrere hundert Meter hoch über den Nestern, von der Thermik getragen, die vom Beuteflug heimkehrenden Storcheneltern. Langsam schwebten sie herab, streckten die Beine aus wie Flugzeuge ihr Fahrgestell und breiteten die mächtigen Schwingen als Bremsfallschirme.

Die Nester standen hier dicht an dicht. Trotzdem landeten die Altvögel zentimetergenau auf ihrem Horst. Manche Jungen mußten lange warten, bis ihre Eltern zurückkehrten. Ich beobachtete, wie einzelne Storchenkinder gierig vor Hunger den Nachbarhorst zu „erobern" versuchten, wenn dort der Storch oder die Störchin mit Beute einfiel. Aber mit wütenden Schnabelhieben trieb der Nachbar die fremden Jungvögel über den Nestrand zurück. Störche füttern, wie viele andere Tiere auch, nur ihre eigenen Jungen.

Inzwischen war es Nachmittag geworden. Wir hielten dicht bei der Storchenkolonie. Das Boot mit einem Ruder im Schlickgrund verankert, konnten wir aus nächster Nähe beobachten. Meine Film- und Tonausbeute war mehr als reichlich. Das meinte auch Vincent. „Es wird Zeit umzukehren", flüsterte er mir zu.

Aber mir fehlte noch eine Szene im Nest selbst. Denn die Horste standen zwei, drei Meter hoch, und aus dem tiefliegenden Boot konnte ich nicht über den Horstrand filmen.

Wir gaben noch eine Stunde zu und schoben uns ein Stück tiefer in den Sumpfwald hinein. Da entdeckten wir ein Storchennest, das nur einen Meter überm Wasser auf einem niedrigen Mangrovenbusch lag. Ich sah platt im Nest drei Junge, die nach einer Weile lebhaft wurden. Offenbar hatten sie entdeckt, daß einer der Altstörche zurückkehrte. Sie duckten sich kreisförmig auf den Horstboden.

Gleich darauf landete der Storchenvater auf dem Horst. Er begrüßte seine Kinder mit kurzem Heben und Senken des Kopfes, nicht aber durch die bei unserem Weißstorch übliche Klapperstrophe.

Durch den Sucher der Kamera sah ich deutlich, daß diese Waldibisse tatsächlich Störche sind, trotz ihrer gebogenen Schnäbel. Denn Ibisjunge nehmen das Futter aus dem Schnabel der Eltern, echte Störche hingegen würgen die Nahrung aus ihrem Kropf auf den Nestboden. So war's auch hier. Die Jungvögel verschlangen gierig, was sie runterkriegen konnten. Die Reste nahm der Altstorch bis zur nächsten Fütterung wieder in den Kropf zurück.

Jetzt war ich zufrieden mit meiner Ausbeute. So lautlos, wie wir gekommen waren, verließen wir das heimliche Reich der Waldibisse.

Kamerajagd auf Riesenrallen und Schlangenhalsvögel

Schon ehe ich zu den Everglades fuhr, freute ich mich auf die Begegnung mit der so eigenartigen Riesenralle, die von Florida bis Argentinien heimisch ist. Der Amerikaner nennt diesen kranichartigen, fast fünfundsechzig Zentimeter großen Sumpfvogel *Limpkin*. Er ist berühmt durch die Technik, wie er Muscheln und Schnecken, seine Beutetiere, verzehrt.

Bild oben: Die amerikanische Riesenralle in ihrem Sumpfrevier. Rallen sind meist nachts aktiv und führen tagsüber ein verborgenes Leben. Ich konnte den „Kliuhkliuh"-Ruf des Rallenkranichs oft hören, ihn aber oft nicht sehen.

Bild unten: Ein Reiher auf Fische lauernd.

Darüber gab es noch keine Filmaufnahmen. Für meine wissenschaftliche und filmbiologische Arbeit erschien es mir von großem Interesse, das dokumentarisch festzuhalten.

Ich versuchte alles, dem scheuen Schreitvogel auf die Schliche zu kommen. Vergebens! Ich sprach mit Fred Truslow darüber. „Ich hab' mal einen bei Royal Palms beobachtet", sagte er, „und auch ein paar Fotos gemacht. In dem Tümpel dort wimmelt es von Muscheln und Schnecken. Versuch's doch dort mal!"

Ich lag tagelang auf der Lauer. Es wollte nicht klappen. Eines Abends kam Fred zu mir rüber. Ich klagte ihm mein Leid. „Wir könnten mal mit einem Airboat durch die Schilfwildnis von Seven Miles fahren", meinte er. „Das ist Limpkin's Reich."

Diese Luftschraubenboote sind im Nationalpark verboten, weil sie einen schrecklichen Lärm machen. Aber manche Flachwassergebiete lassen sich nur mit solchen Booten befahren.

Wir sprachen mit Bill Robertson. Er war einverstanden.

So ließen Fred und ich uns denn vom surrenden Schub des Riesenluftrades überm Bootsheck durch die Swamps von Seven Miles treiben. Wir mochten eine halbe Stunde unterwegs gewesen sein, als vor uns ein Limpkin erschreckt aufstieg. Wir hielten an. Mit seinen kräftigen rundlichen Flügeln erinnerte mich sein Flug ein bißchen an unsere Große Rohrdommel. Kaum dreihundert Meter voraus fiel die Ralle wieder ein. Ich konnte ein paar Meter Film belichten. Fred machte einige Flugfotos. Aber wir kamen nicht näher heran. Das Sumpfgestrüpp war zu dicht. Enttäuscht kehrten wir um.

Ich legte mich wieder beim Sumpfweiher von Royal Palms auf die Lauer.

Ich mochte an jenem Morgen vielleicht zwei, drei Stunden ausgeharrt haben, als eine Riesenralle aus ihrem abgelegenen Dickicht herbeikam und hier einfiel. Sie nahm einen kleinen Landbuckel als Beobachtungswarte. Von da aus spähte sie aufmerksam ins Trübwasser.

Mit der Zeit wurde mir klar, daß sich dieser Limpkin, der von nun an jeden Tag hierher kam, auf große Wasserschnecken spezialisiert hatte, die es in den Schilfkanälen der Everglades massenhaft gibt. Muscheln schien er nicht sehr zu mögen.

Ich verbrachte viele spannungsgeladene Morgenansitze hier am Tümpel, Tag für Tag. Manchmal spazierte die Riesenralle ganz dicht vor meiner Kamera bis zum Bauch durchs Sumpfwasser, um ihre Lieblingsnahrung zu fischen. Immer wieder tastete ihr Schnabel den Schlammgrund nach Beute ab, und sie zog auch so manche dicke Schnecke herauf. Aber jedesmal, wenn sie Mahlzeit hielt, verschwand sie zu einer mit dichtem Schilf umgebenen

Schlammbank. Ich war ausgesperrt.

Eines frühen Morgens, kaum daß mein Freund Limpkin ganz in der Nähe eingefallen war, zog er eine besonders große Schnecke aus dem Wasser und stakste auf die Uferbank vor mir. So dicht, daß er den Sucher der Kamera ganz ausfüllte, hatte ich ihn noch nie in meiner Nähe gehabt. Jetzt konnte ich filmen, wie er den Panzer öffnete.

Mit einem Fuß hielt er das Schneckenhaus fest und löste mit einem kräftigen Schnabelhieb den Eingang. Er schleuderte den Deckel beiseite und packte mit der Spitze seines Pinzettenschnabels das Weichtier. Als er kräftig schüttelte, begann sich das Fleisch von der Schale zu lösen.

Ihm schmeckte es vorzüglich, und ich hatte eine lückenlose Filmdokumentation seiner Verzehrtechnik.

Die erstaunlichsten Jäger der Everglades waren für mich die Schlangenhalsvögel. Sie sind mit den Kormoranen verwandt. Ihren Namen haben sie wegen ihres langen Halses erhalten. Wenn der Vogel auf Beutesuche durchs Wasser gleitet, sieht er tatsächlich einer Schlange ähnlich.

Diese Vögel verzehren vor allem Fische. Wie sie sie jagen, ist einzigartig in der Vogelwelt. Sie schnappen nämlich nicht mit geöffnetem Schnabel zu, sondern sie schleudern den langen, schlanken Hals mit dem spitzen Schnabel, als ob es ein Speer wäre. Darum heißt der Schlangenhalsvogel im Englischen ganz treffend *darter*. Man könnte es mit „Spießvogel" übersetzen; denn *dart* ist ein Spieß, ein Wurfspeer oder Pfeil.

Um Schlangenhalsvögel zu filmen, hatte ich mich hauptsächlich beim *Anhinga Trail* aufgehalten, dem Schlangenhalsvogelpfad. Hier sind die meisten Schlangenhalsvögel zu finden. Anhinga ist der Gattungsname für diese Vögel.

Ein besonderer Glücksfall war es für mich, die Fischfangtechnik des Schlangenhalsvogels zu filmen. Sein Dolchschnabel ist eine gefährliche Waffe. Für jeden, der den Everglades-Nationalpark von Südflorida besucht und dort vor allem den Anhingapfad abwandert, ist die Begegnung mit dem Schlangenhalsvogel ein interessantes Erlebnis.

Durch die sumpfige Busch- und Baumwildnis zieht sich ein kilometerlanger Holzsteg, auf dem der Besucher trockenen Fußes umhergehen kann – eine Art Lehr- und Beobachtungspfad. Das ist ein ganz besonderes Erlebnis. Die Bäume und Pflanzen lernt man durch Schilder kennen, auch die Tiere. Es gibt viele Fische, Reptilien und Vögel zu sehen. Diese sonst sehr scheuen Tiere haben sich hier an die Menschen gewöhnt. So kommen sie oft ganz nah heran und lassen sich leicht fotografieren.

Für die Filmerei ist das sehr viel schwieriger und mühsamer. Ich war, wie üblich, immer schon mit dem ersten Filmlicht auf den Beinen. Es gab da vor allem nahe dem Umkehrpunkt des Trails eine günstige Stelle, von der ich die Schlangenhalsvögel aus undurchsichtiger Deckung beim Umherfliegen, Lauern, Gefiederputzen und Beutemachen beobachten konnte. Meist sah ich sie Fische jagen, oft aber auch Molche, Frösche, Krebse, sogar größere Wasserinsekten.

Seit längerer Zeit hatte ich einen der Anhingas im Sucher. Ich hoffte, daß er mir nicht verlorenginge. Er schwamm unter Wasser, den Hals wie ein großes „S“ gegen die Schulter gekrümmt, und folgte einem recht stattlichen Fisch. Als er auf knapp einen Meter heran war, schleuderte er blitzschnell den Hals mit dem Dolchschnabel nach vorn und durchbohrte sein Opfer. Der Vogel kam an die Wasseroberfläche und schleuderte den zappelnden Fisch mit schnellem Kopfschnicken in die Luft, riß den Schnabel auf und fing den Fisch im Fallen auf. Jetzt erst verschlang er ihn.

An einigen Jungvögeln konnte ich auch sehr schön beobachten, was für den Nahrungserwerb den Jungvögeln angeboren ist und was sie erst im Laufe der Zeit durch das Vorbild der Altvögel und durch ständige Übung lernen müssen. Immer wieder kam es vor, daß einer der jungen Schlangenhalsvögel den Fisch nicht kräftig genug aufspießte und beim Hochwerfen zu schlecht aufpaßte oder den zappelnden Fisch zu weit wegschleuderte. Schwupp, war die Beute entwischt! Der Jungvogel hatte das Nachsehen. Es sah manchmal recht lustig aus, wie verblüfft er hinterherschaute und hilflose Bewegungen machte, wie um zu retten, was nicht mehr zu retten war. Mit der Zeit wurde er immer besser. Denn auch im Tierreich macht erst Übung den Meister.

Im Sumpfrevier der Panzerechsen

Viele Wochen habe ich mit dem Beobachten und Filmen von Panzerechsen verbracht. Davon gibt es im Bereich der Everglades zwei Arten: Krokodile und Alligatoren.

Wer Schildkröten mag, kommt hier auf seine Kosten. Neben der Schnappschildkröte und manchen anderen Arten von Wasser- und Sumpfschildkröten kommen auch die schönen Schmuckschildkröten vor, die bei unseren heimischen Schildkrötenliebhabern viele Freunde gefunden haben.

Krokodile sind nur unweit der Meeresküste in salzigen Sümpfen oder in Meeresbuchten zu finden. Seit der Mensch sie erbittert verfolgte, sind sie äußerst selten und sehr scheu geworden. Man sagte mir, sie seien angriffslustig und bissig.

Ich mußte sehr viel Zeit und Mühe aufwenden, um einige Krokodile zu entdecken. Eines lag scheinbar dösend im flachen Schlammwasser. Auf dem gewölbten Rücken schauten die Reihen ungleichmäßiger Panzerschilde aus dem Wasser. Die lange, spitze Schnauze war vorgereckt, die großen scharfen Zähne blinkten in der Sonne. Das Tier war gewiß um vier Meter lang. Es sah aus, als ob es schlief. Aber im Sucher konnte ich erkennen, daß es seine Augäpfel drehte und sehr aufmerksam seine Umgebung beobachtete. So lag es endlos lange, ehe es ins Wasser glitt und lautlos untertauchte.

Sehr viel mehr Zeit verwendete ich auf die Beobachtung der Alligatoren. Sie können praktisch an so gut wie jedem Platz im Inneren der Everglades vorkommen. Wo sie sich aufhalten, hängt von der Jahreszeit und dem Wasserstand ab. Zur Regenzeit im Sommer kann man sie sogar von der Tamiamistraße aus beobachten. Wenn dann im Winter bis ins Frühjahr hinein die Sümpfe immer weiter austrocknen, ziehen sich die Echsen zu den wenigen ausreichend tiefen Wasserlöchern zurück.

Dr. Robertson erzählte mir: „Ich habe wiederholt beobachtet, daß die Alligatoren in besonders trockenen Jahren durch gezielte Baumaßnahmen versuchen, sich selbst und ihre Beutetiere über die Dürrezeit hinwegzubringen. Sie heben an tiefen Schlammplätzen sogenannte Alligatorengruben aus, in denen sich Wasser sammelt. Hier können dann auch Fische, Frösche und andere Wassertiere bis zur nächsten Regenzeit überleben."

Bei *Royal Palms* nahe dem Parkhauptquartier gibt's besonders große und tiefe Tümpel, die man vom Ufer und den Holzstegen aus betrachten kann. Hier habe ich viel Zeit auf Beobachtungsposten verbracht – auch nachts. Denn Alligatoren sind am Tag meist recht träge und werden erst mit Einbruch der Dunkelheit aktiv.

Ich habe die Zahl der Alligatoren in meinem Beobachtungsgebiet auf mehr als hundert berechnet, die Jungtiere eingeschlossen. Meist waren sie den Tag über in der nahezu unübersehbaren Schilfwildnis gar nicht auszumachen. Allmählich lernte ich aber doch einige ältere Tiere unterscheiden und mich auf ihre Gewohnheiten einzustellen.

Ich saß so manche Nacht an bestimmten Plätzen, und bei Mondhelle hatte ich oft Glück, das Verhalten der Echsen verfolgen zu können. Wenn es recht kühl wurde, wechselten sie in die wärmeren Mangrovenwälder. Ich konnte ihnen folgen. Kam dann die Morgensonne und heizte die Luft rasch auf, krochen sie auf Schlammbänke, um sich erst mal zu sonnen.

Ich erkannte, daß bestimmte günstig gelegene Ruheplätze von den ranghöchsten Alligatoren beansprucht wurden. Denn dort sah ich immer nur die größten und stärksten Echsenmänner, alle so um drei bis dreieinhalb Meter, ihr Sonnenbad nehmen.

Es war interessant zu sehen, wenn so ein wuchtiger Panzerkoloß sich einer Schlammbank näherte. Aufmerksam äugte er hinüber, ob nicht etwa schon ein anderer den Platz belegt hatte und in welcher Stimmung er war – ob er vielleicht ganz gern ein bißchen Gesellschaft haben oder lieber für sich sein wollte. Es gab einzelne alte Herren, die höchstens mal ein Weibchen neben sich duldeten, vor allem zur Paarungszeit. Andere waren immer allein. Sie wollten ihre Ruhe haben.

Ich lernte viel Interessantes über das Leben

Im Everglades Nationalpark sind an verschiedenen Stellen Wege, Stege und Beobachtungsstände für die Besucher angelegt worden. Sie führen durch Waldgebiete, Mangrovendickichte und Sümpfe zu den interessantesten Plätzen. Schilder und Tafeln mit Abbildungen erläutern die wichtigsten Pflanzen-und Tierarten.

Das Bild: Ein Steg im Bereich des Anhinga Trail. Hier kann der Besucher außer dem Schlangenhalsvogel andere Wasservögel beobachten, auch Alligatoren, Schildkröten und sonstige Tiere.

Natur- und Umweltschutz: Aufgabe für alle

Natur- und Umweltschutz ist zu einer der wichtigsten Aufgaben für die ganze Menschheit geworden. Denn unsere Umwelt wird von vielen Gefahren bedroht. Immer mehr Pflanzen- und Tierarten sterben aus, weil der Mensch auch entlegene Landschaften verändert. Aber wenn der Mensch überleben will, darf er den Naturhaushalt nicht zerstören.

In den Everglades zum Beispiel wuchern Mangroven, Sumpfzypressen und andere südliche Bäume, dazu viele Gräser und Binsen. Große und kleine Tiere führen im Verborgenen ihr Leben. Leichtfüßig spaziert dieses Sultanshühnchen (*Bild rechts*) über die Seerosenblätter, ohne einzusinken. Und der Falke (*Bild links*) hat sich eben auf einer kleinen Bauminsel (einem Hammock) niedergelassen, um nach Beute Ausschau zu halten.

Jede Landschaft ist Lebensraum für verschiedene Tierarten. Eine hängt von der anderen ab, die kleinen sind die Nahrung der größeren. Man nennt das Nahrungskette. Wenn die Kette reißt, weil einzelne Arten aussterben oder verdrängt werden, müssen auch die Tiere weichen, die von ihnen lebten.

dieser Panzerechsen, und meine Filmarbeit machte gute Fortschritte. Bereits einige Male hatte ich von weitem die Revierkämpfe zwischen starken Männchen beobachten können. Dann wurde ich Zeuge eines sehr heftigen Duells.

Auf einem schönen Sonnenplatz lag ein besonders starker Alligator. Ein anderer, auch nicht gerade ein Schwächling, war ihm zu nahe gekommen. Und da setzte es Hiebe. Mit unglaublicher Wucht schlug der Platzherr seine scharfen Zähne in den Schwanz des Eindringlings. Der zuckte vor Schmerz zusammen. Trotzdem riß er den klobigen Schädel aus dem aufschäumenden Wasser und zeigte drohend die Zähne.

Da packte den Alten die blanke Wut. Mit einem noch kräftigeren, tieferen Biß schüttelte er den Ruderschwanz des Fremden. Ich dachte: Wenn der jetzt nicht klein beigibt, fliegen die Fetzen! Das wäre ein Kampf auf Leben und Tod geworden.

Aber dazu kam es nicht. Der andere begriff, daß er der Schwächere war. Er klappte die Kinnbacken zusammen und versteckte seine Zahnwaffen. In Demutstellung den Kopf flach auf den Boden gelegt, zog er sich vor dem stärkeren Rivalen eilig zurück. Er hatte wohl keine Lust, sich größere Verletzungen einzuhandeln.

Beispiele für schreckliche Verstümmelungen, die von solchen Männerkämpfen herrührten, hatte ich in diesen Alligatorengewässern einige gefunden. Da gab's einen, aus dessen Ruderschwanz ganze Stücke herausgerissen waren. Ein anderer trug am Körper tiefe Bißwunden, die wulstig vernarbt waren. Ein Alligator besaß nur noch einen halben Unterkiefer und hatte beim Beutefang sichtlich Mühe.

Allmählich ging der Winter zu Ende. Manchmal fiel warmer Regen. Durch die Sümpfe schallte das Gebrüll der Panzerechsen. Ihre Paarungszeit setzte ein. Vor allem nachts hörte ich sie oft rumoren, manchmal kilometerweit. Auch bei Tage waren sie jetzt viel lebhafter. Sie trieben sich auf weiteren Ausflügen herum. Deutlich war die Erregung im Echsenrevier zu spüren. Die Atmosphäre war gespannt, wie elektrisch geladen.

Durch Zufall, als ich die Alligatoren auf ihren Jagdzügen filmte, konnte ich eine Echsenhochzeit beobachten. Das Weibchen schwamm kreuz und quer durch den Sumpf, ein Männchen folgte wie ein Schatten. Das dauerte etwa eine halbe Stunde lang. Dann drosselte die Echsenfrau den Ruderschlag. In einem Mangrovenbusch hielt sie an und erwartete das Männchen mit erhobenem Schwanz. Von weit her kam das sehnsüchtige Getöse eines anderen Alligators, der noch ein Weibchen suchte.

Zwischendurch waren Georg Theilacker und ich wieder zum *Anhinga Trail* gefahren, dessen Sümpfe und Teiche überreich an vielgestaltigem Vogelleben sind. Davon wurden selbstverständlich auch Alligatoren angezogen. Wir behielten einige von ihnen stets im Auge. Da und dort nahm einer auf einer Schlammbank sein Sonnenbad. Zwei oder drei hatten sich auf der Wasseroberfläche ausgestreckt. Ein paar andere waren inzwischen untergetaucht. Alle paar Minuten kam einer zum Atemholen an die Oberfläche. Sobald einer der Alligatoren unseres Beobachtungskreises einen Ortswechsel machte, ließen wir ihn nicht aus den Augen. Denn dann konnten wir annehmen, daß er sich aus dem reichen Angebot von Fischen, Schildkröten und Vögeln ein Beutetier aussuchen würde.

Alligatoren beim Fischfang zu filmen, ist so gut wie unmöglich. Denn das machen sie von der Tauchstation aus: ein peitschenschneller Schlag mit dem Ruderschwanz, der Echsenkörper schießt nach vorn und verschlingt die Beute.

Aber dann kam eine Schildkröte. Im Seichtwasser lauerte reglos ein Alligator. Er folgte ihr mit den Augen. Die Schildkröte schwamm dicht an ihm vorüber. Da riß er den Rachen auf und schnappte zu. Seine Kinnbacken zerdrückten das harte Panzergehäuse der Schildkröte wie unsereins eine Erdnuß knackt. Unzerkleinert ließ er die Beute in den Rachen rutschen und verschluckte sie.

Einige Zeit nach der Alligatorenhochzeit gab's Nachwuchs im Echsenrevier. Vorübergehend waren wir damit beschäftigt, ihr Leben und Treiben zu beobachten. Alligatorenbabys leben, nachdem sie die Eier verlassen haben, meist zu zwanzig bis dreißig in enger Gemeinschaft. Da können sie sich am ehesten gegenseitig warnen, wenn ein Feind herbeischleicht. Und es gibt in dieser weiten Sumpfwildnis so manchen, der gern Jungechsenfleisch mag: der Waschbär, der Otter, der Reiher, der Schlangenhalsvogel zum Beispiel.

Gerade handlang, etwa fünfzehn Zentimeter klein, sind die Babys beim Schlüpfen. In den Sümpfen wimmelt es von Nahrung, die ihnen zusagt: Jungfische, Kaulquappen und Frösche, Molche samt ihren Larven. Alligatoren wachsen sehr rasch. Im Alter von zwei bis drei Jahren haben sie einen halben Meter Körperlänge erreicht. Jetzt können sie bereits ausgewachsenen Reihern und Störchen gefährlich werden.

Ich konnte es beobachten. Eines Morgens sah ich, wie ein stattlicher Silberreiher auf Fischfang durch die Sümpfe pirschte. Er kam in die Nähe eines halbmeterlangen Alligators, der sich tief ins Sumpfgras gedrückt hatte. Der Reiher war noch knapp zehn Schritt entfernt. Ahnungslos stelzte er auf die lauernde Jungechse zu.

Ich richtete die Kamera ein und ließ den Motor laufen. Als der Reiher bis auf einen halben Meter herangekommen war, sprang der Alligatorknirps dem viel größeren Vogel mit einem Ruck an den Hals. Vielleicht hatte er sich in der Entfernung verschätzt. Seine scharfen Zähne verpaßten den Vogelhals. Mit schnellem Flügelschlag und überraschtem Angstgekreisch konnte sich der Reiher retten.

Meister Schupp, der Waschbär, ist hier in seinem Element. Waschbären sind amerikanische „Vor"- oder Kleinbären – von Kanada bis Panama verbreitet, stets bei Gewässern. Der Name kommt daher, daß der Waschbär seine Nahrung (auch Steine) zwischen den Vorderfüßen im Wasser reibt und wäscht. Er hat sich zum Kulturfolger entwickelt und ist heute überall in Nordamerika zu finden. Kaum 100 km von hier sah ich eine Waschbärmutter mit drei Jungen auf einem Parkplatz aufdringlich betteln. Bei uns haben sie als Heimtier manchen Liebhaber gefunden und sind inzwischen sogar in deutschen Wäldern zum ungebetenen Wild geworden.

Unter Alligatoren und Klapperschlangen

Foto Seite 57: Eines Tages entdeckte ich diesen schon fast flüggen jungen Fischadler auf dem Horst. Er wird bald ausfliegen. Fischadler sind Taggreifvögel, die eine Flügelspannweite bis 1,50 m erreichen. Sie haben sich auf Fischfang spezialisiert. Dafür sind sie vorzüglich ausgerüstet. Die langen Krallen sind sehr stark gebogen. Die Unterseite der Zehen ist mit kleinen stachligen Hornschuppen besetzt. Damit kann der Adler die glitschigen Fische, die sich kräftig wehren, besser festhalten.

Zum Beutefang steigt der Fischadler bis auf 50 m empor und streicht im Suchflug über die Wasserfläche.

Ein besonders schönes Paradies unberührter Natur liegt in der Gegend von Shark Valley im Norden der Everglades. Man erreicht es auf der Tamiamistraße, dem sogenannten Schleifenweg, über einen eigenen Parkeingang. Hier sind auch zahlreiche Schleusen eingebaut, die den Wasserhaushalt der Everglades sowie der nördlich davon gelegenen Felder regulieren.

Fred Truslow führte mich hierher. Ich war beeindruckt von dieser einsamen Sumpflandschaft. Besucher sieht man kaum, was mich am meisten wunderte. Man kann dort nicht mit dem Auto umherfahren. Das wird der Grund sein. Amerikaner gehen nun mal nicht gern zu Fuß. Die wenigen, die mit der Elektrotram eine stundenlange Rundtour durch die Wasserwildnis machten, waren begeistert. Manchmal fällt die Tour aus, weil keine Fahrgäste kommen. Das verstehe, wer mag!

Dieser Schnappschuß gelang mir, als plötzlich in der Nähe ein Alligator auftauchte. Ich hatte ihn schon eine Weile beobachtet. Offenbar belauerte er einen Reiher, der ihm aber entwischte.

Fred und ich erlebten fast zum Greifen nah Fischotter auf Nahrungssuche. Gut ein halbes Dutzend Waschbären konnte ich auf Krabbenfang beobachten. Und das am hellichten Tag, obwohl Waschbären gewöhnlich nur nachts umherstreifen. Selten habe ich eine solche Fülle verschiedener Reiherarten gesehen wie hier. Und die Alligatoren erschienen mir besonders groß.

Sie waren der Hauptgrund, warum ich mich eine Woche in der Gegend des Shark Valley aufhielt. Mir fehlten noch Filmdokumente vom Revierverhalten und dem Nahrungserwerb dieser stattlichen Reptilien. So stapfte ich in meinen hüftlangen Gummistiefeln tagelang durch den Morast und schleppte meine Ausrüstung zu den Lieblingsplätzen der Panzerechsen.

Es war der vierte Tag in dieser Gegend. Ich stand auf einer kleinen Grasinsel. Morast quirlte um mich her. Die Kamera stand schußbereit. Ich wartete geduldig darauf, daß die gar nicht weit von mir in der Sonne lagernden Alligatoren irgend etwas unternehmen würden. Sie mußten doch irgendwann mal Hunger haben, dachte ich.

Selbstverständlich war ich auf der Hut. Alligatoren sind blitzschnelle Beutemacher. Urplötzlich kommen sie von irgendwoher angeschossen. Es sind Meisterschwimmer. Aber auch an Land können sie erstaunliche Behendigkeit entwickeln. Da heißt es höllisch aufpassen, überall die Augen und Ohren haben! Und ich war hier ganz allein. Niemand konnte mir beistehen.

Orangefarbenes Licht dampfte durch den Spätwintertag. Das Wasser sah aus wie lauwarme Erbsensuppe. Im Nachbarhammock fiel ein Weißkopfseeadler ein. Irgendwo scharfes Schnattern. Ein paar Wasserhühner lärmten. Silberreiher stiegen eilig auf. Dann irgendwo aus dem Seggengras, halb erstickt, ein Todesschrei. Vielleicht hatte da eine Klapperschlange zugeschlagen.

Diese Reptilien gibt es hier reichlich. Sie gehören zu den giftigsten Schlangen Nordamerikas. Es sind keine Wasserschlangen. Sie leben auf den Hammocks, den vielen Sumpfinseln. Aber sie schwimmen auch oft zu den Nachbarinseln, um dort Beute zu machen. Wie alle Schlangen, sind sie vorzügliche Schwimmer.

Dann entdeckte ich eine, fast eineinhalb Meter lang. Ich wußte, daß Klapperschlangen zur Leibspeise der Alligatoren gehören. Und ich dachte mir, daß sich hier vielleicht eine besonders interessante Filmaufnahme machen ließe.

Diese jungen Alligatoren habe ich gefilmt und fotografiert, als sie etwa ein Jahr alt waren. Im Gegensatz zu den eigentlichen Krokodilen betreibt der Alligator eine regelrechte Brutpflege. Nachdem Schlamm und Pflanzenteile zu einem hohen und breiten Hügel zusammengeschoben sind, legt das Weibchen darin 20–70 gänseeigroße Eier ab. Dann wird der Bruthügel wieder geschlossen. Das Weibchen bewacht das Gelege. Nach etwa zehn Wochen melden sich die schlüpfbereiten Jungen mit lautem Gequake. Die Alligatorin öffnet den Hügel und befreit ihre Kinder.

Aber die Schlange bewegte sich offenbar nicht auf die Alligatoren zu. Sie hatte wohl ein anderes Ziel. Da beschloß ich, etwas nachzuhelfen. Ich zog das Stativ aus dem Schlick, hob die Kamera an und stakste langsam auf sie zu.

Ausrutschen durfte ich nicht, und keinesfalls zu Boden gehen! Durch die Gummistiefel war ich vor ihrem Giftbiß sicher. Aber hinfallen . . .?

Als ich näherkam, rollte sich die Giftotter abwehrend zusammen – fauchte, züngelte und pendelte mit ihrem platten Kopf hin und her. Dazu ließ sie das warnende Rasseln ihrer hornigen Schwanzschuppen hören. Das ist keine Angriffsdrohung, sondern eine Warnung an Bisons, Antilopen und andere Präriebewohner, nicht auf sie draufzutreten: „Vorsicht, Freund! Ich bin eine Giftschlange. Tu mir nichts, und ich tu dir auch nichts." So ungefähr.

Ich hielt ihr das Metallstativ hin. Sie schlug ihre Zähne hinein. Ich zog. Das Stativ glitt ab. „Geh weiter", sagte ich leise zu ihr. „Dort drüben hin!" Und tatsächlich ließ sich die Schlange von mir zu den Alligatoren treiben.

Da hörte ich hinter mir lautes Wasserklatschen. Ich blickte mich rasch um. Ein stattlicher Alligator pirschte mich aus dem Hinterhalt an. Auf seinem platten Kopf, der dicht übers Wasser glitt, sah ich seine ausdruckslosen Echsenaugen.

Das wirkt unheimlich. Menschenaugen, Raubtieraugen, Greifvogelaugen: darin läßt sich lesen. Sie drücken Absichten aus – Friedfertigkeit, Aufmerksamkeit, Angriffslust.

Echsenaugen wirken kalt. Die Pupillenschlitze aller Krokodile stehen senkrecht, von den inneren Augenwinkeln her mit einer halb durchsichtigen Nickhaut überzogen. Das gibt ihnen den unberechenbaren, glasigen Blick.

Der Alligator hinter mir war noch gut dreißig Meter entfernt, die nächste Schlammbank vor mir an die zehn Meter. Aber ein Alligator ist schneller als ein Mensch.

Und es setzte ein dramatischer Wettlauf ein. Ich weiß nicht mehr genau, was ich machte. Wie ich das Stativ aus dem zähen Schlick zog und die plötzlich so furchtbar hinderlichen Gummistiefel voreinandersetzte, die immer tiefer in den Morast einsanken. Die Kamera kam mir unsagbar schwer vor. Sie wollte immerzu ins Wasser kippen, mir aus den schweißnassen Fingern rutschen.

Ich strauchelte und fing mich irgendwie ab. Dabei behielt ich den Alligator im Blickwinkel, der sich, so kam es mir vor, mit rasender Geschwindigkeit näherte. Hier im Wasser war ich ihm schutzlos ausgeliefert. Er würde zuschnappen, mich niederziehen, und dann . . . Drüben auf dem Erdhügel aber, der einfach nicht näherkommen wollte, hatte ich eine gute Chance!

Ich hörte mich keuchen. Ich dachte, mir geht die Luft aus. Aber ich erreichte die Insel. Als ich hechelnd das Stativ absetzte, hörte ich das Rasseln der Klapperschlange.

Ich sah, wie sie sich gegen den Alligator zur Wehr setzte. Seine spitzen Zahnmesser schnappten zu. Die Otter zischte, wollte beißen. Mit schnellem Kopfschlenkern hieb sich die Panzerechse die Schlange um die eigenen Ohren. Dann glitt sie mit ihrer Beute ins Wasser.

Ich beobachtete noch, wie der Alligator sie auffraß. Da Krokodile nicht kauen, sondern ruckweise schlucken, lebte die Schlange noch, als sie bereits zu zwei Dritteln im Rachen der Echse verschwunden war. Noch einmal bäumte sie sich auf und versuchte, den Alligator in die Schnauze zu beißen. Vergebens.

Jetzt erst begriff ich, daß die Echse nicht mich, sondern die Klapperschlange gemeint hatte.

Am Abend berichtete ich Fred Truslow von meinem Erlebnis. Er erzählte mir: „Ein Freund hatte eine ähnliche Begegnung. Als

der Alligator sein Maul öffnete, um das Reptil zu packen, biß ihn die Schlange in seine große, fleischige Zunge. Das ist zweifellos die Stelle, an der sie ihren Gegner am empfindlichsten treffen konnte. Trotzdem hat der Alligator seine Beute verspeist."

„Klapperschlangenbisse sind tödlich", sagte ich. „Oder hatte der Alligator ein Serum verfügbar?"

Fred lachte. „Selbstverständlich wollte mein Freund erfahren, ob der Alligator den Giftbiß überlebte. Das fiel nicht schwer, weil er am Schwanz eine unverwechselbare Wundverletzung trug. Man konnte ihn leicht unter allen anderen herausfinden. Noch ein halbes Jahr später ist er bei voller Gesundheit gesehen worden."

Eine Echsennatur müßte man haben.

In den Everglades, auch in anderen Gegenden der südöstlichen USA, ist der Mississippi-Alligator anzutreffen, auch Hechtalligator genannt. Er kann bis 6 m lang werden. Da seine Haut ein sehr schönes haltbares „Krokoleder" für Handtaschen, Brieftaschen, Schuhe, Gürtel und andere modische Lederwaren abgibt, hat man ihn so sehr verfolgt, daß er fast ausgerottet wurde. Heute steht er unter Schutz. Aber es gibt in Amerika Alligatorfarmen, die dieses Krokodil für die Ledergewinnung züchten.

Im Reich der Grizzlys und Dickhornschafe

Georg Theilacker und ich waren nach Edmonton zurückgekehrt. Charly Fix flog uns ein weiteres Mal nach Jasper im kanadischen Felsengebirge. Noch lagen die Gipfel und Hochflächen der wildzerklüfteten Rockys unter tiefem Schnee. Aber schon schimmerten von den Südhängen grüne Matten herauf. Schmelzwasser schäumten über die steilen Felswände in die Talgründe hinab und schwollen zu reißenden Strömen an.

Unter uns standen die baumlosen Felsgrate. Mit uns auf gleicher Höhe zogen Keile von Schneegänsen nach dem hohen Norden, ihren Brutplätzen entgegen.

„Können Sie so fliegen, daß ich ein paar Aufnahmen machen kann?" fragte ich unseren Piloten.

Er veränderte die Richtung. Durchs Cockpitfenster, als sie über den phantastischen Schneegipfeln eilends dahinzogen, nahm ich die Flugkeile der Wildgänse in den Kamerasucher. Im Sonnenlicht hoben sich ihre wuchtig schlagenden schwarzen Flügel ab. Als wir wieder nach Westen abdrehten, entschwanden sie rasch unserem Blick.

Charly steuerte die Cessna um eine aufgewölbte Bergkuppe. Da rief er: „Bighorns!"

Ein Rudel von fünfzig Bergschafen stürmte,

von dem Motorengeräusch aufgeschreckt, bergwärts zu den schützenden Felsspalten. Es war aufregend anzusehen, wie sie ihren Fluchtweg rund um den Felskegel nahmen, dicht an einer viele hundert Meter abfallenden Wand. Das war schwindelerregend. Mit weiten Schwebesprüngen, nie zögernd oder strauchelnd, erreichten sie die schützenden Felsspalten.

Die Wildschafe lebten in den tieferen Lagen, ehe das Tauwetter sie zu den Bergwiesen und Hochlagen lockte. So konnten wir ihnen mit dem schweren Gerät leichter folgen.

Wir bezogen eine Blockhütte im Wald, nahe einem grünen See. Nachdem wir uns eingerichtet hatten, gingen wir auf Kamerapirsch. Hier hat noch der mächtige Grizzlybär seine Reviere.

Vom amerikanischen Dickhornschaf gibt es zahlreiche Unterarten ganz verschiedener Färbung von weiß bis schwarz. Sein zoologischer Name ist *Ovis canadensis:* Kanadaschaf. Es ist immer wieder phantastisch anzusehen, wie diese prachtvollen Wildschafe sich als Kletterkünstler betätigen.

Die Dickhornschafe gab es einst im Felsengebirge, bis zu den Hochgebirgen Mexikos, in großer Zahl. Der indianische und weiße Jäger folgte ihnen auf steile Felshöhen, um sie zu erlegen. In unserer Zeit waren sie bis auf zwanzigtausend Tiere verschwunden. Heute bieten ihnen die Wildreservate und Nationalparks Zuflucht und Lebensraum. Hier stellt ihnen nur noch der Wolf nach. So hofften wir auf gute Beobachtungen.

Noch lag in größeren Höhen viel Schnee.

Wir sahen seine Fährte. Die Grizzlys sind scheu und mißtrauisch geworden, seit sie gelernt haben, daß der Mensch ihr eigentlicher, einziger Feind ist. Andere Gegner haben sie bei ihren „Bärenkräften“ nicht zu fürchten. Hier im Nationalpark tut dem Grizzly keiner was. Auch das weiß er. Trotzdem schlägt er sich vor einem näherkommenden Zweibeiner lieber in die Büsche.

Wir hatten das Glück, auf einer Bergwiese einen Grizzly zu beobachten, der offenbar

Fotos: Hier einige extreme Blickwinkel von oben auf den Grand Canyon. *Bild rechts oben:* Kameramann Dieter Hoese in einer halsbrecherischen Position, vor einer steil abfallenden Schlucht, um eine besondere Einstellung zu filmen.

Das Naturwunder Grand Canyon

Der Grand Canyon in Arizona, USA, ist die größte von vielen Schluchten, die der Colorado-Fluß im Laufe von Jahrtausenden in die Felsen eingeschnitten hat – 350 km lang, von der Einmündung des Little Colorado River bis zum Lake Mead. Die Breite dieses großartigen Flußtales liegt zwischen 6 und 30 km. Die größte Tiefe beträgt etwa 1800 m – zuweilen senkrecht abstürzend, an anderen Stellen in gewaltigen Stufen aufwärtssteigend.

Im Grand Canyon läßt sich die Entwicklung des Lebens auf der Erde sehr gut ablesen, denn in den Gesteinsschichten sind zahllose Fossilien von längst ausgestorbenen Pflanzen und Tieren eingeschlossen. Die meisten Felsgruppen bestehen aus rötlichem Sandstein, der von Wind und Wetter zerfressen ist. So kommt es zu dem phantastischen Farben- und Formenspiel. Es ist ein abenteuerliches Erlebnis, vom Canyon Village aus zu Fuß mit Rucksack oder mit dem Maultier über verschlungene Pfade zum Ufer des Colorado hinabzusteigen. Auf diesem Fünfstundenmarsch erleben wir ganz verschiedene Klimazonen bis zur Wüstentemperatur bei der Phantom Ranch.

Die Dickhornschafe mästen sich in den schneeoffenen Sommermonaten mit saftigen Gräsern und Kräutern. Wenn wieder Schnee liegt, nehmen sie mit Moosen, Flechten und dünnen Zweigen Vorlieb. Das mächtige Kreisgehörn eines Bockes kann bis 25 kg wiegen, sein Körpergewicht 150 kg erreichen.

Hier ein Schnappschuß von mir, als ich auf der Kamerapirsch nach Dickhornschafen war. Die scheuen, flinken Bighorns haben mich oft arg auf Trab gebracht. Sie zu beobachten und zu filmen, erwies sich als eine schweißtreibende Sache.

gerade dabei war, mit den Tatzen den Bau eines Erdhörnchens aufzugraben. Aber es schien nicht zu klappen, oder er hatte von uns Witterung bekommen. Bald trollte er sich ins Gebüsch und verschwand.

Später fanden wir größere Reste eines Bergschafs verstreut. In der Nähe waren einzelne Bärenspuren abgedrückt. Die Bißstellen an den Knochen und Fleischresten deuteten darauf hin, daß hier ein Bär sein Opfer gefunden hatte.

Der erwachende Frühling hatte das Tierleben rege gemacht. Im See ästen Elche. Kanadagänse waren mit Nestbau beschäftigt. Die Hörnchen hatten ihre warm gepolsterten Erdnester verlassen und eilten eifrig hin und her. Überall im Tierreich fand jetzt Hochzeit statt.

Eine Zeitlang saßen wir in der Übergangszone zwischen Wald und Prärie auf Kragenhühner an. Erregende Geschäftigkeit hatte die

kaum rebhuhngroßen Waldhühner erfaßt. Schon in aller Frühe hatten wir von weitem ein seltsames Surren gehört, das fast wie schnelle Trommelschläge klang.

Aus unserem Tarnzelt beobachteten wir einen Hahn bei seiner phantastischen Balzschau. Er saß auf einem umgestürzten Baumstamm, den Schwanz aufgestützt, damit er das Gleichgewicht hielt, und flatterte heftig mit den Flügeln. Sie schlugen und wirbelten die Luft so schnell, daß dieses weittragende Surren entstand. Es dauerte nicht lange, bis eine Henne einfiel, die sein Liebeslied angelockt hatte.

Auf den Hochgebirgsmatten beobachteten wir die Schneehühner. Jetzt trugen sie ihr geflecktes Übergangskleid, das sie auf den tauenden Hängen den braungesprenkelten Erdbatzen anpaßte. Sie waren in dieser menschenleeren Einsamkeit so arglos, daß wir sie selbst außerhalb des Tarnzeltes aus nächster Nähe beobachten und filmen konnten, ohne daß sie scheuten.

Die Hähne ließen ihren weittragenden Schnarruf ertönen. Da rief einer, dort fiel einer ein, und weiter abseits ein weiterer. Dann stieg ein Hahn zu seinem eindrucksvollen Schauflug empor, gleich darauf der Nachbarhahn. So gaukelten sie in der Luft, um zu verkünden: „Schaut alle her! Das ist mein Revier. Da soll mir keiner zu nahe kommen. Denn hier will ich eine Henne haben und mit ihr Junge aufziehen!"

Auch das Blaue Waldhuhn, unserem Auerhuhn sehr ähnlich, hatte jetzt in den Bergwäldern Balzzeit. Der Hahn fächerte den Schwanz, blies seinen Hals auf, nickte immerzu und schickte gurrende, schnarrende Balzrufe aus. Dabei schwollen an seinem Kopf die Balzrosen wie leuchtend rote Wülste. Als keine Henne kommen wollte, sackte er zusammen. Aus den Balzrosen wich das Blut, und sie wurden unscheinbar blaßgelb. Kaum ließ sich eine Henne sehen, wiederholte er sein Spiel und glöckelte sich fast die Lunge aus dem Leib.

Dann trafen wir auch die Bergschafe wieder: auf einer schneefreien grünen Hangmatte, wo sie das aufsprießende Grün ästen. Wir errichteten unser Ansitzzelt zwischen dichtem Gebüsch.

In der Nähe zupften sieben ältere, starke Widder saftiges Gras. Sie trugen mächtig gebogene Gehörne, die bei einigen an der Wurzel gewiß mehr als dreißig Zentimeter Umfang hatten und vielleicht sechzig Zentimeter Länge, oder mehr. Der Stärkste wog wohl gut zweieinhalb Zentner.

Weiter abseits graste ein Rudel weiblicher Schafe samt ihren vorjährigen Jungen und einigen jüngeren Männchen, um fünfzig Tiere etwa.

Einige Tage hatten wir sie ganz in unserer Nähe. Das Grün war frisch und nahrhaft. So ästen sie sich von Leckerbissen zu Leckerbissen. Dann lagerten sie an den bereits abgetrockneten Südhängen und ließen sich die Frühlingssonne auf den Pelz brennen.

Während die „älteren Herren" behäbig die Wärme genossen, die sie so lange entbehren mußten, ging es bei den Lämmern und Jungwiddern lebhafter zu. Fordernd, mit frechem Meckern, stupsten die Lämmer ihre Mütter an, damit sie an die prallen Euter herankamen. Ungestüm schlugen sie gegen den Leib der Schafe, damit die Milch rege floß und sogen mit runden Mäulern, daß es nur so schmatzte.

Das war ein Krabbeln und Blöken und Meckern und Knurren. Zwischendurch trieben einige Jungmänner ihre übermütigen Kampfspiele. Sie richteten sich auf den Hinterbeinen auf und schlugen die Köpfe mit Wucht gegeneinander. Noch war ihr Gehörn klein und harmlos. Später, wenn sie erwachsene Widder sind und mächtige kreisbogenförmige Schnecken auf den Köpfen tragen, werden die Gefechte wilder sein. Denn dann geht es darum, die Rangordnung auszukämpfen. Siegen werden die mit den größeren Gehörnen. Sie werden dann im Rudel das Sagen haben.

Bild oben: Auch bei den Wapitis kommen – wie bei anderen Hirschen und sonstigen Tierarten – immer mal wieder weißgescheckte Tiere vor.
Bild unten: Eine Schneeziege mit Jungen. Sie heißt auch Schneegemse. Schneeziegen leben im Sommer oberhalb der Baumgrenze bis auf 4000 m Höhe. Es sind außerordentlich scheue und vorsichtige Hochgebirgskletterer, die sich von Flechten, Moosen und Bergsträuchern ernähren.

Zu den Bisons am Großen Sklavensee

Es wurde Zeit, daß wir uns für eine Weile trennten. Ich wollte zum Wood Buffalo Park fliegen, um Bisons zu filmen. Georg sollte von Edmonton aus mit unserem Freund Al Oehmig die nächste Expedition in die arktische Tundra vorbereiten.

Im Reisegepäck trug ich ein Empfehlungsschreiben meines Freundes Peter Scott, Chairman des World Wildlife Fund, der mir schon so oft die Wege geebnet hatte. Der Chef des kanadischen Wildschutzes versprach mir seine Unterstützung. Denn für den Wood Buffalo Park, im Norden der Provinz Alberta und bis weit in die Nordwestlichen Territorien hinein, brauchte ich ein geländegängiges Fahrzeug und möglichst auch ein Flugzeug.

Dieses Büffel-Schutzgebiet mißt 45 000 Quadratkilometer, so viel wie ganz Niedersachsen. Und hier gibt's außer den Wildschutzleuten keine Menschenseele, und Durchgangsstraßen schon gar nicht. Nur Wälder, Seen, Sümpfe. Und Bisons selbstverständlich! 30 000 Indianerbüffel!

Auf dem Flug nach Fort Smith am Peace River las ich in einem amerikanischen Buch über die „Bisontragödie", das ich mir in New York gekauft hatte . . .

Es mögen wohl sechzig, vielleicht fünfundsiebzig Millionen Büffel gewesen sein, die einst zwischen Missouri River und Rocky Mountains, von Kanada bis Mexiko durch die Prärien stampften, ehe die Weißen kamen.

Diese Bisonmutter und ihr Kalb konnte ich im kanadischen Waldbüffel-Park knipsen. Der Waldbison ist größer als der Präriebison. Sein nächster Verwandter ist der in freier Wildbahn ebenfalls ausgerottete Europäische Wisent.

Der Bison war der König der Grasländer, das größte und großartigste Wildtier des Kontinents. Der Indianer jagte ihn mit Pfeil und Bogen oder mit dem Speer zu Fuß in offener Prärie. Es war ein Kampf zwischen Mann und Beute. Den Büffel zu erlegen, galt als eine Tat des Tapferen. Mancher verlor dabei sein Leben.

Nie schossen die Rothäute mehr, als sie im Augenblick verbrauchen oder für den Winterbedarf trocknen konnten. Und sie ließen nichts verderben. Die wenigen Lücken, die sie in die Herden rissen, schloß die Natur. Schon im Jahre 1830, als das Schießpulver der Weißen seine erste vernichtende Wirkung zeigte, waren kaum noch vierzig Millionen Bisons übrig. Aber noch konnte Oberst Richard Irving Dodge, der am Arkansas River stationiert war, beobachten: „Im zeitigen Frühjahr, sobald die ausgetrocknete und nahezu wüstendürre Prärie ihr Kleid von einem schmutzigen Braun in ein frisches Grün zu wechseln begann, belebte sich der Horizont mit Büffeln – einzeln oder in Gruppen zu zwei oder drei Tieren, den Vorläufern der nachfolgenden Herden. Mehr und mehr, in immer größeren Gruppen kamen sie, bis zu der Zeit, da das Gras üppig schießt, sich die ganze endlos weite Landschaft in eine einzige Büffelmasse verwandelte. Die einen grasten, die anderen lagen nieder, aber die Herde bewegte sich doch langsam, unaufhörlich nach Norden."

Die Lokomotiven der Eisenbahnen, die das weite Land mit ihrem Schienennetz überzogen, läuteten den Todeskampf der Büffel ein. Büffeljagd kam in Mode. Aus dem Osten rückten die Sonntagsjäger an. Es galt als schönes Abenteuer, aus dem offenen Abteilfenster auf die Bisons zu schießen, die sich in gewaltigen Herden neben dem Schienenstrang drängten und nicht selten stundenlang den Zug aufhielten. Die Gentleman-Schützen zählten nur die Abschüsse und ließen den Schützenkönig hochleben. Die Kadaver blieben den Wölfen und Bussarden zum Fraß. Büffel abzuknallen, war zu einer Touristenattraktion geworden.

In einer Rede vor dem amerikanischen Präsidenten Franklin Pierce sagte Häuptling Seattle vom Stamme der Duwmisch-Indianer: „Ich habe Tausende verrotteter Büffel gesehen, vom weißen Mann zurückgelassen – erschossen aus einem vorüberfahrenden Zug. Ich bin ein Wilder und kann nicht verstehen, wie das qualmende Eisenpferd wichtiger sein soll als der Büffel, den wir nur töten, um am Leben zu bleiben. Was ist der Mensch ohne die Tiere? Wären alle Tiere fort, so stürbe der Mensch an Einsamkeit des Geistes. Was den Tieren widerfährt, das geschieht bald auch den Menschen. Alle Dinge sind miteinander verbunden. Was die Erde befällt, befällt auch die Söhne der Erde. Denn das wissen wir: Die Erde gehört nicht den Menschen, die Menschen gehören zur Erde. Könnt ihr die Büffel zurückkaufen, wenn der letzte getötet ist?"

Einst bevölkerten riesige Herden von Gabelböcken die Prärien Südkanadas und des amerikanischen Mittelwestens bis hinunter nach Mexiko. Die Amerikaner nennen diese Gabelgemse oder Gabelantilope, die eine Übergangsform von den Hirschartigen zu den Antilopen darstellt, Pronghorn. Sie wird etwa 130 cm lang und 90 cm hoch. Das gegabelte Hohlhorn wird wie bei den Hirschen abgeworfen. Heute sieht man kaum noch mal ein paar Pronghorns in freier Wildbahn – am häufigsten noch in etlichen Nationalparks. In Zoos sind sie schwierig zu halten. Ich konnte diese Aufnahme im Waldbüffelpark nahe dem Großen Sklavensee machen.

Im Jahre 1926 gab es in den Vereinigten Staaten von Amerika noch 4376 Büffel, in Kanada noch 11957.

Am Schluß des Buches las ich, wie um das Jahr 1930 eine Gruppe Indianer im Frühling die Ponys sattelte und davonritt – wie in alten Zeiten, aber still und traurig.

„Wohin wollt ihr?" fragten einige weiße Männer, und sie antworteten: „Hinter den Büffeln her."

„Aber es gibt keine mehr."

„Nein, das wissen wir."

„Warum geht ihr dann auf eine so törichte Jagd?"

„Oh, wir gehen immer um diese Zeit. Vielleicht werden wir doch ein paar finden."

Buchstäblich in letzter Minute konnten die letzten Büffel gerettet werden. In den Schutzgebieten ist ihr Leben heute sicher.

Das Geheimnis der Schreikraniche

Wölfe sind mir an verschiedenen Plätzen Nordamerikas begegnet, von wo aus ja alle Hundeartigen ihren Ausgang nahmen. Vor allem in Kanada und Alaska konnte ich Wölfe beobachten. Es gibt da noch viele Rudel.

Es ist immer wieder ein besonderes Erlebnis, diesen „Urvater" unserer Haushunde auf seinem Pirschgang zu entdekken. Er ist scheu und geht dem Menschen aus dem Weg: ein wahrer „Kulturflüchter". Als Rudeltier jagt er in der Meute, die dem Leittier gehorcht und ein Familienleben nach festen Regeln führt.

Gelegentlich schleicht auch mal ein einzelner Wolf auf Beutegang umher, wie dieser hier. Für die „Ordnung in der Natur" hat der Wolf eine wichtige Aufgabe. Denn gewöhnlich reißt er nur kranke, schwache oder alte Tiere, so daß er als „Gesundheitspolizist der Wildnis" eigentlich unentbehrlich ist. Da der Wolf nur einen Teil seiner Beute verzehrt, können auch andere Tiere von den Überresten satt werden, zum Beispiel Raben, Häher und sogar Singvögel.

Ich landete in Fort Smith. Hier hatten früher die Pelztierjäger eine Niederlassung. Ich fand gastfreundliche Aufnahme in einer Schutzhütte der Parkverwaltung. Andere Unterkünfte gab es nicht.

Die Wildschützer und Wissenschaftler halfen mir, wo sie nur konnten. Wir fuhren durch die Prärie. Da oder dort graste eine Büffelherde. Fünfzig, hundert Tiere. Sie verloren sich in der Weite des Graslandes. Ich konnte sie filmen und ein Bild ihres Lebens vermitteln. Ein trauriger und zugleich doch stolzer Rest dieser kraftvollen Wildtiere. Es machte mich froh, daß es sie noch gibt.

Aber ich hatte noch einen Wunsch. Ich sprach ihn, als wir abends bei einem Umtrunk saßen, offen aus: „Wie steht's mit den Schreikranichen?"

Das sind die wohl seltensten und schönsten Großvögel unserer Erde. Es gibt davon kaum noch fünfzig. Sie leben in der Tiefe des Wood Buffalo Parks in einer verborgenen Sumpfwildnis. Nur wenige Menschen kennen ihr letztes Rückzugsgebiet. Es ist nicht erlaubt, dort mit dem Flugzeug zu landen oder ihr Revier zu betreten. Nur zweimal im Jahr fliegt ein Hubschrauber mit Wissenschaftlern hinaus, um die vom Aussterben bedrohten Vögel und ihre Nester zu zählen.

Billy McCann, Biologe und zugleich Pilot der Station, hatte kurz vorher ihre Plätze besucht. Er fragte mich: „Können Sie aus der Luft filmen?"

Ich wußte, daß es unmöglich war, bei der starken Vibration des Helikopters Luftaufnahmen mit einer Fernbildlinse zu machen. Das gelang höchstens mit einem Objektiv kurzer Brennweite. Ich antwortete: „Wenn wir bis auf sechzig Meter heran können, ja."

Eines Morgens bei Sonnenaufgang kam er zu mir herüber. Der Himmel war klar. „Sieht nach gutem Wetter aus", sagte er. „Kommen Sie mit!"

Um neun Uhr hoben wir vom Landekreuz ab. Wir überflogen die Seen und Prärien, die Wald- und Buschlandschaften. Nach dreißig Minuten deutete Billy voraus. Eine Herde von etwa dreihundert Bisons zog langsam durchs Gras. Billy senkte den Hubschrauber tiefer und drosselte den Motor. Die Herde stob davon. Aus zwanzig Metern Höhe konnte ich sie filmen. Welch ein Anblick, wie diese wuchtigen Büffel davonstürmten! Wie muß das noch vor hundert Jahren gewesen sein?

Nach fast zweistündigem Flug lichteten sich die Wälder, die wir überflogen. Weite Sümpfe glitzerten im Sonnenlicht. „Be ready!" rief mir mein Pilot zu. „Machen Sie alles klar! Wir sind gleich bei den *whooping cranes.*"

Ich hielt die Kamera mit aufgesetzter Kassette im Schoß und legte eine Reservekassette auf den Sitz.

Auf einer kleinen Landzunge sah ich, weißschimmernd, einen Schreikranich auf seinem Horst brüten. Sein Partner stand, Wache haltend, daneben. Wir schwebten tiefer. Die beiden Vögel sahen zu uns herauf. Aber sie blieben am Nest.

Billy steuerte den Helikopter in siebzig Metern Höhe seitlich am Horst vorüber. Das war sein Trick. Er sagte: „Die Kraniche glauben, daß es dieser surrende Riesenvogel nicht auf sie abgesehen hat. Sie werden stillbleiben."

Beim zweiten Vorbeiflug ging er auf fünfzig Meter. Ich konnte filmen. Die Kraniche verhielten sich ruhig. Beim dritten Anflug schwebten wir in dreißig Meter Höhe vorüber, sehr langsam. Es gelangen mir einige besonders schöne Einstellungen.

Das brütende Weibchen erhob sich vom Nest. Ich erkannte zwei große weiße Eier. Beide Kraniche richteten ihre langen Schnäbel in Drohstellung gegen die surrende Riesenlibelle über ihnen, als wollten sie einen Raubvogel abwehren. Und sie schickten schmetternde Trompetenrufe zu uns herauf. Ich konnte sie trotz des Hubschrauberlärms deutlich hören.

Wir drehten ab. „Okay?“ fragte Billy.

Ich nickte. Mehr konnte ich nicht erwarten. Im Abfliegen sah ich, wie sich das Weibchen wieder auf dem Nest niederließ.

Ich erlebte beglückt, daß es möglich ist, auch vom Aussterben bedrohte Tierarten zu retten – wenn der Mensch ihre Lebensräume bewahrt. So wie er wünscht, daß auch seine Heimat, seine Wohnung unangetastet bleibt. Und das ist das natürliche Recht aller Lebewesen – ob Mensch oder Tier.

Die Herren des Felsengebirges: Grizzlybären

Sie sind selten geworden. Aber noch kann man ihnen begegnen. Grizzly heißt grau. Der mächtige Graubär – hier in einer abgelegenen Gegend der Rocky Mountains – gehört zu den Braunbären. Braunbären gab es früher auch in unseren heimischen Wäldern. Sie sind bei uns inzwischen ausgerottet worden. In Nordamerika gibt es die größten Braunbären der Welt. Sie treten in Dutzenden von Unterarten und vielen Farbformen auf – von hell-isabellfarben und braun bis grau und fast schwarz. Größer und stärker als der Grizzly sind nur noch der Kodiakbär von Alaska und der asiatische Kamtschatka-Bär die mit 3 m Länge neben dem Eisbär die größten Landraubtiere der Erde sind.

Es wird viel von der Gefährlichkeit der Bären gesprochen. Sie seien, sagt man, unberechenbar und angriffslustig. Ich kann das nach vielen Beobachtungen nicht finden. Tatsache ist aber, was auch jeder Bärendompteur im Zirkus weiß: man kann bei den Bären nicht – wie bei vielen anderen Tieren – im Gesicht lesen, was sie vorhaben. Der Grund ist, daß sie keine Gesichtsmuskulatur haben, die ihre Gemütsbewegungen verraten könnte.

Index und Glossar

Wo steht was? Stichworte und Erläuterungen

Halbfett gedruckte Zahlen verweisen auf Abbildungen

Bildquellen: Seite 10, 13, 15, 26, 61 links und unten rechts von Dieter Hoese, EXPO-Film München; 61 oben rechts von Walter Schneider, Nußdorf am Inn. Alle anderen Fotos von Heinz Sielmann Produktion, München. Karten: Annelie Schwerdtner.

Florida und Everglades

Die kleine Karte unten zeigt den südlichen Teil des US-Staates Florida. Er liegt im äußersten Südostzipfel der Vereinigten Staaten von Amerika – zwischen dem Atlantischen Ozean und dem Golf von Mexiko. Sinnbilder dieses Bundesstaates sind eine Orangenblüte, die Spottdrossel und eine Palme. Die südliche Inselkette der Florida Keys führt bis Key West, dem südlichsten Punkt der USA. Der Everglades-Nationalpark bildet die Südspitze Floridas.

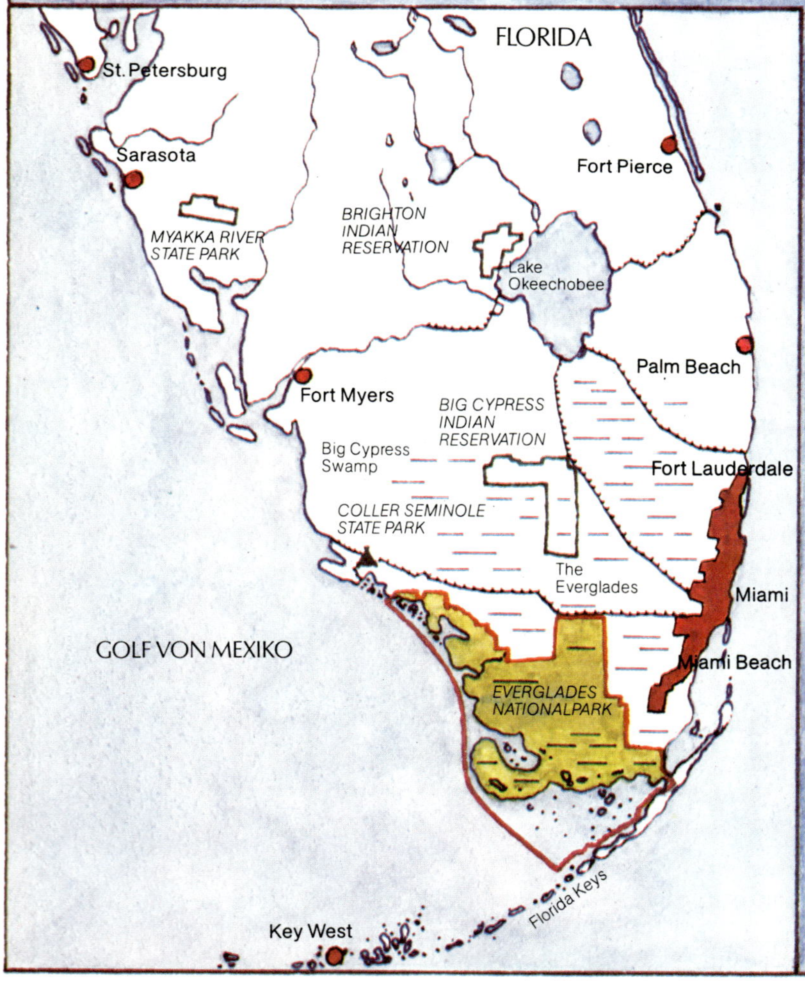